Carl-Auer

»*For better* or *for worse, we lack the formal apprenticeship in the trade and perhaps the proper respect for our ancestors and the comfort their representational devices might provide.*«

(»*In unserem Geschäft fehlt uns eine anerkannte Berufsausbildung – mit allen Vor- und Nachteilen. Uns fehlen vielleicht auch die angemessene Achtung unserer Gründungsväter und die Annehmlichkeiten, die ihre begrifflichen Instrumente uns geben könnten.*«)

John Van Maanen, MIT, Sloan School of Management, im Vorwort seines Buches *Tales of the Field*

Joana Krizanits

Einführung in die Methoden der systemischen Organisationsberatung

2013

Mitglieder des wissenschaftlichen Beirats des Carl-Auer Verlags:

Prof. Dr. Rolf Arnold (Kaiserslautern)
Prof. Dr. Dirk Baecker (Friedrichshafen)
Prof. Dr. Bernhard Blanke (Hannover)
Prof. Dr. Ulrich Clement (Heidelberg)
Prof. Dr. Jörg Fengler (Alfter bei Bonn)
Dr. Barbara Heitger (Wien)
Prof. Dr. Johannes Herwig-Lempp (Merseburg)
Prof. Dr. Bruno Hildenbrand (Jena)
Prof. Dr. Karl L. Holtz (Heidelberg)
Prof. Dr. Heiko Kleve (Potsdam)
Dr. Roswita Königswieser (Wien)
Prof. Dr. Jürgen Kriz (Osnabrück)
Prof. Dr. Friedebert Kröger (Heidelberg)
Tom Levold (Köln)
Dr. Kurt Ludewig (Münster)
Dr. Burkhard Peter (München)
Prof. Dr. Bernhard Pörksen (Tübingen)
Prof. Dr. Kersten Reich (Köln)
Prof. Dr. Wolf Ritscher (Esslingen)
Dr. Wilhelm Rotthaus (Bergheim bei Köln)
Prof. Dr. Arist von Schlippe (Witten/Herdecke)
Dr. Gunther Schmidt (Heidelberg)
Prof. Dr. Siegfried J. Schmidt (Münster)
Jakob R. Schneider (München)
Prof. Dr. Jochen Schweitzer (Heidelberg)
Prof. Dr. Fritz B. Simon (Berlin)
Dr. Therese Steiner (Embrach)
Prof. Dr. Dr. Helm Stierlin (Heidelberg)
Karsten Trebesch (Berlin)
Bernhard Trenkle (Rottweil)
Prof. Dr. Sigrid Tschöpe-Scheffler (Köln)
Prof. Dr. Reinhard Voß (Koblenz)
Dr. Gunthard Weber (Wiesloch)
Prof. Dr. Rudolf Wimmer (Wien)
Prof. Dr. Michael Wirsching (Freiburg)

Umschlaggestaltung: Uwe Göbel
Satz: Verlagsservice Hegele, Heiligkreuzsteinach
Printed in the Czech Republic
Druck und Bindung: FINIDR, s. r. o.

Erste Auflage, 2013
ISBN 978-3-89670-870-0
© 2013 Carl-Auer-Systeme Verlag
und Verlagsbuchhandlung GmbH, Heidelberg
Alle Rechte vorbehalten

Bibliografische Information der Deutschen Nationalbibliothek:
Die Deutsche Nationalbibliothek verzeichnet diese Publikation
in der Deutschen Nationalbibliografie; detaillierte bibliografische
Daten sind im Internet über http://dnb.d-nb.de abrufbar.

Informationen zu unserem gesamten Programm, unseren Autoren
und zum Verlag finden Sie unter: www.carl-auer.de.

Wenn Sie Interesse an unseren monatlichen Nachrichten
aus der Vangerowstraße haben, können Sie unter
http://www.carl-auer.de/newsletter den Newsletter abonnieren.

Carl-Auer Verlag GmbH
Vangerowstraße 14
69115 Heidelberg
Tel. 0 62 21-64 38 0
Fax 0 62 21-64 38 22
info@carl-auer.de

Inhalt

1 **Wozu dieses Buch? ... 7**

2 **Organisationsberatung im Paradigma des Action Research-Ansatzes ... 9**
Back to the Roots ... 9
Die Entwicklungen in der Organisationsberatung ... 15
Charakteristika komplexer sozialer Systeme ... 20
Wann Organisationsberatung nachgefragt wird ... 25

3 **Kernmethoden systemischer Organisationsberatung ... 28**
Die Kunst des Schleifengangs ... 28
Beschreibungen 1. und 2. Ordnung ... 32
Wege und Weisen der Wahrnehmung ... 34
Haltung, Sehe-Punkte und Prämissen systemischer
    Organisationsberatung ... 44
Mit dem Spiegelrohr beobachtet –
    Die systemischen Fragen ... 48
Gute Hypothesen bilden ... 53

4 **Von der Anfrage zur Diagnose – Die Action-Survey-Schleife ... 59**
Beratung als helfende Beziehung ... 59
Das Beratungssystem abstecken ... 67
Die Datenerhebung ... 71
Das qualitative Interview ... 75
Die Diagnoseschrift ... 77
Der Rückspiegelungsworkshop ... 86

5 **Kommunikation und Interaktion in Gruppen gestalten ... 89**
Die vier Grundprozesse ... 89
Von Gruppen und Modi der Kommunikation ... 93
Das Design von Interaktion in Gruppen ... 96

6 Die Architektur von Beratungsprozessen ... 102
Unterschiede zwischen Beratungsarchitektur und
 klassischem Projektmanagement ... 102
Funktionen von Architektur ... 105
Elemente der Architektur von Beratungsprozessen ... 107

7 Von der qualitativen Sozialforschung zur theoriegeleiteten Praxis ... 112
Die Methoden der qualitativen Sozialforschung und
 die systemische Organisationsberatung ... 112
Gütekriterien qualitativer Sozialforschung ... 118
Organisationsberatung mit dem Action-Research-Ansatz
 als Paradigma qualitativer Sozialforschung ... 119

Literatur ... 121
Über die Autorin ... 127

1 Wozu dieses Buch?

Dieses Buch gibt Ihnen eine kompakte Einführung in die Methoden der systemischen Organisationsberatung. Es versucht, die gelebte gute Praxis methodisch zu explizieren und wichtige Fragen zu beantworten: Wie erstelle ich eine Systemdiagnose – vom ersten Auftragsklärungsgespräch über die Datenerhebung und -auswertung bis zur Rückspiegelung? Wie bilde ich gute Hypothesen? Wie mache ich ein »dichtes« Design und eine gute Beratungsarchitektur?

Organisationsberatung ist eine vielfältige, voraussetzungsvolle Tätigkeit, angesiedelt zwischen Handwerk und Kunst. Lernen findet in hohem Maß über Sozialisation und Vorbildwirkung statt. Wie weit lässt sich ein variantenreiches implizites Wissensgebiet überhaupt als Good Practice explizieren?

Alle Spielarten der Organisationsberatung stehen in der Tradition von Kurt Lewins Action-Research-Ansatz (Lewin 1946). Es geht um die Untersuchung der unterschiedlichen Bedingungen und Auswirkungen von Handlungsmustern in sozialen Systemen und um die gezielte Suche nach neuen Handlungsoptionen für diese Systeme. Der Königsweg dorthin führt über wiederholte, sich zu einer Spirale verbindenden Schleifen, in denen »Sozialforscher« gezielt Daten erheben und auswerten, um dann mit den Betroffenen Maßnahmen abzuleiten, deren Auswirkungen eine neue Schleife einleiten.

Seit Lewins Motto »Es gibt nichts, was so praktisch wäre wie eine gute Theorie« (Marrow 1977, S. 5) ist eine Fülle von Methoden für praxisbasierte Theoriebildung und theoriebasierte Praxis in die gelebte Organisationsberatung eingegangen. Sie wurden aus so unterschiedlichen Fachgebieten wie Gruppendynamik, Kommunikationswissenschaft, Familientherapie, Konstruktivismus, Erkenntnisbiologie, Physik, Systemtheorie, Soziologie u. a. m. zusammengetragen.

Dieses Buch will nicht nur das Wie und Warum dieser praktizierten Methoden vermitteln; es soll auch Brücken schlagen zwischen Beratung und Sozialwissenschaft. Deshalb werden die geschilderten Vorgehensweisen immer wieder in den Rahmen wissenschaftlich etablierter Methoden der qualitativen Sozialforschung gestellt. Denn gute systemische Organisationsberatung erfüllt die Gütekriterien gestaltender Sozialforschung und kann angesichts gegenstandsangemessener, heuristisch starker Methoden durchaus als eigenes Paradigma sozialer Feldforschung gelten – so der Claim.

Das erste Kapitel zeichnet die Entwicklungen der Organisationsberatung nach – von der Entstehung des Action-Research-Ansatzes über ihre jeweils zeitgeistig bedingten Spielarten (Organisationsentwicklung, Prozessberatung, Change-Management und systemische Organisationsberatung) bis zum gegenwärtig praktizierten Ansatz – und beschreibt die typischen Merkmale des Beratungsfeldes der Organisationsberatung. Das zweite Kapitel stellt die wesentlichen Methoden zum Anfertigen von Beobachtungen zweiter Ordnung vor: Aufmerksamkeitslenkung, Fragetechniken, Hypothesenbildung. Das dritte Kapitel schildert die methodischen Schritte von der Anfrage zur Diagnose und das vierte die Grundlagen der Gestaltung von Kommunikation und Interaktion in Gruppen; es folgt ein Abriss über die Gestaltung von Beratungsarchitekturen. Das letzte Kapitel spannt den Bogen von der qualitativen Sozialforschung zur theoriegeleiteten Praxis und wendet die Gütekriterien qualitativer Sozialforschung auf systemische Organisationsberatung an.

Mein Dank gilt meinen Kunden und den guten Beratern und Beraterinnen, bei denen ich gelernt habe. Ich hoffe, dass Ihnen als externe oder interne Organisationsberaterin oder -berater die methodischen Leitfäden in diesem Büchlein nützlich sind – nützlich dafür, Ihr Vorgehen zu reflektieren, zu schärfen und Virtuosität zu erlangen.

Joana Krizanits
Wien, im November 2012

2 Organisationsberatung im Paradigma des Action Research-Ansatzes

Darum geht es in der Organisationsberatung:

»Ziel systemischer Beratung ist es, langfristige, nachhaltige Lern- und Erneuerungsprozesse zu initiieren und zu begleiten, um Systeme (Organisationen) überlebensfähiger, erfolgreicher und effizienter zu machen. Das ist der Punkt, um den sich alles dreht« (Königswieser u. Hillebrand 2004, S. 20).

Das erste Kapitel dieses Buches skizziert die geschichtlichen Grundlagen der Organisationsberatung und definiert das Unterfangen, komplexe soziale Systeme zu beraten: Was ist der Kern des Action-Research-Ansatzes, und welche Grundzugänge von Organisationsberatung haben sich daraus entwickelt? Was sind die Rahmenbedingungen des Beratungsfeldes »Organisation«? Insbesondere: Was sind komplexe Systeme? Was sind die Besonderheiten sozialer Systeme?

Back to the Roots

Kurt Lewin, am 9.9.1890 als Sohn jüdischer Eltern in Posen geboren, hatte sich schon als Gestaltpsychologe in seiner Zeit an der Berliner Friedrich-Wilhelm-Universität auf Handlungspsychologie spezialisiert. Er sah das Handeln individueller Akteure als eine Funktion von Einfluss nehmenden »Feldern«, was er über die Methode der in der theoretischen Physik praktizierten Feldtheorie abbilden wollte. Lewin war in seinem Herzen immer so viel Soziologe wie Psychologe; er gilt als Begründer der Sozialpsychologie. Als er nach seiner Emigration 1937 für die universitäre Iowa Child Welfare Research Station arbeitete, machte er in der »Nature-versus-Nurture«-Diskussion mit der »lewinschen Formel«[1] von sich reden, die besagt, dass Nature und Nurture

---

1 $B = f\,(P, E)$; Lewin (1936).

in der Prägung der Person und ihres Verhaltens zusammenwirken.

Dabei berief er sich auf Blumers (1981) Ansatz des Symbolischen Interaktionismus der Chicagoer Schule der Soziologie, der besagt:

Menschen handeln gegenüber Dingen auf der Grundlage der Bedeutungen, die diese Dinge für sie besitzen; die Bedeutungen der Dinge werden in Interpretationsprozessen im Zuge sozialer Interaktionen vereinbart.

Bereits zu seiner Zeit in Deutschland soll Lewin mit Vertretern der frühen Frankfurter Schule der Soziologie in Verbindung gewesen sein. Nachdem die Nationalsozialisten an die Macht gekommen waren, emigrierten auch sie in die USA, wo Horkheimer das Institut an der Columbia University in New York neu aufbaute; u. a. publizierten Adorno et al. (1950) dort ihre Studien zum autoritären Charakter.

Die Gründungsidee von Gruppendynamik und Action Research

Die Frage, wie Antisemitismus, Faschismus und Genozid entstehen konnten, war auch Lewins Kernthema.[2] Bereits zu Beginn der 1940er-Jahre führten er, Ralph White und Ronald Lippitt die bahnbrechenden Experimente über die Parameter und Auswirkungen unterschiedlicher Führungsstile – autoritär, demokratisch und laisser-faire – durch (Lippitt a. White 1960). Das waren erste Schritte zum Action-Research-Ansatz als »die experimentelle Anwendung der Sozialwissenschaften zur Förderung demokratischer Prozese«, wie sein Schüler Marrow schreibt (1977, S. 144). Er sagt über Lewin (ebd., S. 106):

»Er hatte eine genaue Vorstellung davon, welche Form menschlichen Zusammenlebens die demokratische Gesellschaft realisieren müsse, weil er die Feinde einer solchen Gesellschaft aus größter Nähe kannte.«

Vor diesem Hintergrund gründete Lewin 1944 das Center for Group Dynamics am MIT, wo u. a. die Kleingruppenforschung

---

2 Seine Mutter starb 1944 im KZ Sobibor.

ihren Anfang nahm sowie die Commission for Community Interrelations (CCI), die Forschungen zu Rassenkonflikten und Antisemitismus durchführte.

1946 erhielt Lewin den Auftrag der Connecticut State Inter Racial Commission, wirksame Methoden für die Bekämpfung religiöser und rassistischer Vorurteile zu finden. Er entwickelte ein »Change-Experiment«, das zur Grundlage für die späteren Gruppendynamik- und »Sensitivity Trainings« wurde. 1947 wurden die National Training Laboratories (NTL) für gruppendynamische Trainings gegründet. Erzieher und Lehrer sollten dort in einer Laborsituation gruppendynamische Prozesse verstehen lernen, damit sie Gruppen helfen könnten, sich zu demokratischen Gruppen zu entwickeln. Feedback und Reflexion wurden in ihrer Bedeutung für Lernen erkannt und gezielt eingesetzt. *Human Relations*, die gemeinsame Fachzeitschrift der NTL und dem inzwischen von Eric Trist – den Lewin zur Zeit seiner Emigration in London kennengelernt hatte – gegründeten Tavistock Institute, wurde herausgegeben.

Lewin definierte den Begriff »Action Research« Mitte der 1940er-Jahre als »a comparative research on the conditions and effects of various forms of social action and research leading to social action«.[3] Auch in der deutschen (wörtlichen) Übersetzung – »Aktionsforschung ist eine vergleichende Forschung der Bedingungen und Auswirkungen verschiedener Arten von sozialen Handlungen und Forschung, die zu sozialer Handlung führt« – hilft diese Definition nicht wirklich zu verstehen, was gemeint ist. Dass die in die Literatur eingegangene Definition von Action

---

3 Lewin selbst hat schon Jahre vor seiner »offiziellen« Definition seine Arbeit als »Action Research« bezeichnet. Er meinte damit nicht nur eine Methode und einen Forschungsansatz, sondern zunehmend den Kern seiner eigenen Identität als Wissenschaftler. Action Research war für ihn die ideale Verbindung von experimenteller Arbeit und Anwendung »für Wissenschaftler, deren Hauptanliegen das Handeln sei, die Veränderung der Welt, während sie gleichzeitig dazu beitragen konnten, die wissenschaftlichen Erkenntnisse zu vermehren« (Marrow 1977, S. 186). Es war diese persönliche Ambition, die ihn dazu veranlasste, seiner sehr erfolgreichen akademischen Arbeit an der Universität von Iowa den Rücken zu kehren, um die Mittel für seine Forschungsinstitute aufzutreiben.

Research (AR) so schwer verständlich ist, mag auch daran liegen, dass sie letztlich der gemeinsame Nenner für vier unterschiedliche praktizierte Action-Research-Verfahren war, die Chein, Cook und Harding unter Lewins Leitung für die CCI definierten (publiziert 1948); es sind:

- Die diagnostische AR, die – aus einer Expertenhaltung – z. B. bei Rassenkonflikten in einer Gemeinde eine Diagnose erstellt und einen Handlungsplan vorschlägt.
- Die teilnehmende AR, die die Betroffenen in den Forschungsprozess einbezieht, damit diese selbst Maßnahmen entwickeln und deren Umsetzung unterstützen. Seit 1939 hatten in der Harwood Manufacturing Corporation solche Action-Research-Programme stattgefunden und nicht nur zur Verbesserung von Arbeitsproblemen beigetragen, sondern auch wissenschaftliche Erkenntnisse über Gruppenentscheidungen, Stereotypenbildung, Führungskräfteentwicklung und Change-Dynamiken geliefert. Sie wurden anfangs von Bavelas, später von French durchgeführt, der sich auf diese Form der teilnehmenden AR bezieht, wenn er später mit Bell den Beratungsansatz der Organisationsentwicklung definiert.
- Die empirische AR, die vergleichbare soziale Phänomene zusammenträgt; sie bildet heute die Grundlage für das Vorgehen in der qualitativen Sozialforschung.
- Und die experimentelle AR, die verschiedene Techniken von Handlungsplanung auf relative Wirksamkeit hin untersucht. Beispielhaft dafür sind die Studien über die Veränderung von Essgewohnheiten, die Lewin gemeinsam mit Margaret Mead (Marrow 1977, S. 145 ff.) Ende des Zweiten Weltkriegs durchführte.

Um den Action-Research-Ansatz, der der Organisationsberatung zugrunde liegt, verständlich zu machen, wird AR hier sinngemäß so übersetzt:

Action Research (in der teilnehmenden Variante) ist die vergleichende Untersuchung der Bedingungen und Auswirkungen sozialer Handlungsmuster und die gezielte Suche nach (neuen/erweiterten) Handlungsoptionen in sozialen Systemen (s. Abb. 1).

Diese Definition bringt Lewins Aussage, »Es gibt nichts, was so praktisch wäre wie so praktisch wie eine gute Theorie« für die Organisationsberatung auf den Punkt. Denn er meinte: Statt im Elfenbeinturm generelle Theorien zu entwickeln, soll sich Forschung der Praxis handelnder Menschen widmen. Umgekehrt ist die Entwicklung von Handlungen – d. h. die gezielte Suche nach Handlungsoptionen für soziale Systeme – theoriebasiert durchzuführen. Kurz: *keine Theorie ohne Aktion, keine Aktion ohne Theorie.*

Konstitutiv für Action Research ist ein methodisches Vorgehen in Form einer Spirale, die sich aus wiederholten Schleifen zusammensetzt, die jeweils einen Zyklus von Planung, Durchführung von Interventionen und anschließender empirischer Untersuchung der Auswirkungen umfassen[4] (Lewin 1946).

Kurt Lewin: »Es gibt nichts, was so praktisch wäre wie eine gute Theorie.«	
Lewins Action-Research-Ansatz / Aktionsforschungsansatz:	
»a comparative research on the conditions and effects of various forms of social action«	»... and research leading to social action«
Eine vergleichende Untersuchung der Bedingungen und Auswirkungen vielfältiger sozialer Handlungsmuster	... und die gezielte Suche nach (neuen/erweiterten Handlungsoptionen in sozialen Systemen
⇔ keine Theorie ohne Handlungspraxis ⇔ Prinzip der *praxisbasierten Theorie*	⇔ keine Aktion/Intervention ohne Theorie ⇔ Prinzip der *theoriebasierten Praxis*

Abb. 1: Praxisbasierte Theorie und theoriebasierte Praxis im teilnehmenden Action-Research-Ansatz (Übersetzung: J. K.)

Wenn nach der Soziologie des Symbolischen Interaktionismus gilt, dass Menschen mit ihren Handlungen auf die Bedeutungen reagieren, die sie Dingen zuschreiben, und wenn diese Bedeutungen durch einen interpretativen Prozess in sozialen Interaktionen entstehen, dann bedeutet das umgekehrt:

---

[4] »[...] a spiral of steps, each of which is composed of a circle of planning, action, and fact-finding about the result of the action«.

2 Das Paradigma des Action Research-Ansatzes

Will man soziale Handlungsmuster geplant und gezielt verändern, muss man dazu einen entsprechenden interaktiven Sinngebungsprozess zwischen den Betroffenen organisieren.

Diese Einsicht Lewins ist seither die Grundlage für die Gestaltung von Change, den er als dreistufigen Prozess beschrieb (Lewin 1947): In der »Unfreezing-Phase« geht es darum, Trägheit und Widerstand zu überwinden und das bestehende »Mindset« zu explizieren. Die »Move-Phase« ist eine Transition: Bestehende Handlungsmuster lösen sich auf, ohne dass noch klar ist, welche neuen Muster an ihre Stelle treten werden. Letztere kristallisieren sich erst in der »Freeze-Phase« heraus, in der sich ein neues Mindset festigt. Lewin hat mit seiner »Hockeyschläger-Kurve« (siehe Abb. 17) den für Change typischen Abfall in der Systemleistung beschrieben, dem erst später ein Anstieg der Systemleistung über das Ausgangsniveau folgt. Diese Kurve ist die – meist unzitierte – Grundlage der meisten Change-Konzepte.

Die Netzwerke der frühen Organisationsberatung
Als exilierter jüdischer Wissenschafter war Lewin mit vielen Schicksalsgenossen vernetzt, die Schrittmacher in ihrem jeweiligen Fachgebiet waren. So war es kein Zufall, dass er Mitglied der ersten Macy-Konferenzen war, in denen Vertreter verschiedener Disziplinen die Grundlagen für eine allgemeine Wissenschaft der Funktionsweisen des menschlichen Geistes erarbeiten wollten. In diesem Kreis wurden (nach Lewins frühem Tod im Februar 1947) die Grundlagen der Kybernetik bzw. der Systemtheorie erarbeitet. Einige Mitglieder haben wesentlich dazu beigetragen, die Grundsteine der systemischen Organisationsberatung zu legen, insbesondere Gregory Bateson und Heinz von Foerster – aber auch Paul Lazarsfeld und Talcott Parsons sollen in diesem Methodenbuch erwähnt werden.

Der Anthropologe, Biologe und Sozialwissenschaftler Bateson war mit der Ethnologin Margaret Mead verheiratet, die mit Lewin arbeitete und befreundet war. Bateson war später Mitglied der 1959 gegründeten Palo-Alto-Gruppe; seine Studien zu Paradoxien der Kommunikation und das Konzept des Doublebind beeinflussten die Familien- und Systemtheorie. Andere Mitglieder der Palo-Alto-Gruppe waren Don Jackson, Jay Haley, Virginia Satir, Paul Watzlawick und John Weakland. Die Palo-Alto-Gruppe beeinflusste ihrerseits die Mailänder Gruppe der Familientherapeuten, beide Gruppen beeinflussten die Heidelberger Familientherapeuten.

Heinz von Foerster, eine Generation später als Bateson in Wien geboren, war der lebende Brückenschlag zwischen unterschiedlichen Welten. Selbst Physiker, war er mit Norbert Wiener Mitbegründer der Kybernetik; als radikaler Konstruktivist prägte er das Konzept der »Kybernetik II« bzw. des »Beobachters 2. Ordnung« und die Metapher der »nichttrivialen Maschine« zur Beschreibung komplexer Systeme.

Paul Lazarsfeld, ebenfalls in Wien als Sohn jüdischer Eltern geboren, hatte er mit seiner späteren Frau, Marie Jahoda, die Studie *Die Arbeitslosen von Marienthal* verfasst. Jahoda arbeitete in Lewins Aktionsforschungsprojekten in der CCI mit, Lazarsfeld wurde einer der führenden Köpfe der US-amerikanischen Soziologie. Er fokussierte eher auf die empirische Entdeckung als auf große Theorien; darin war er Wegbereiter für Robert K. Merton, der das Konzept der »Theorien mittlerer Reichweite« entwickelte. Ein Schüler Lazarsfelds war Barney Glaser, der in den 1960er-Jahren gemeinsam mit Anselm Strauss die Grounded Theory als Methode der qualitativen Sozialforschung entwickelte. Diese Methode wurde im deutschsprachigen Raum von Fritz Schütze verbreitet, der als Begründer des narrativen Interviews gilt.

Ein optiertes Mitglied der Macy-Konferenzen war der Soziologe Talcott Parsons, von dessen strukturfunktionaler Systemtheorie Niklas Luhmann nach einem Forschungsstipendium 1960–61 Kernthemen übernahm wie z. B. die These, dass soziale Systeme sich selbst erhalten, und die Idee, dass sich gesellschaftliche Strukturen in ihren Funktionen spezialisieren.[5]

Die Entwicklungen in der Organisationsberatung

Eine weitere Keimzelle für die Entstehung der Organisationsberatung war der Kreis der Gruppendynamiker – Douglas McGre-

---

[5] Blumers deutschsprachige Schrift zum methodischen Standort des Symbolischen Interaktionismus erschien 1981 in einer Publikation der Arbeitsgruppe Bielefelder Soziologen, der auch Luhmann angehörte.

gor, Lee Bradford, Ken Benné, Ron und Gordon Lippitt, Warren Bennis, Chris Argyris, Dick Beckhard u. a. –, die die NTL nach Lewins Tod mit ihren gruppendynamischen Trainings und »organization labs«[6] in Michigan weiterführten. Einige von ihnen beeinflussten später maßgeblich die Managementlehre: Douglas McGregor z. B. komprimierte den Human Relations Ansatz in das Führungskonzept der »Theorie X und Theorie Y«; Warren Bennis schrieb 27 Bücher über Führung, am bekanntesten sind seine Unterscheidungen zwischen »Managern und Führern« und zwischen »transaktionaler und transformativer Führung«.

Trotz seines frühen Todes kommt Lewin das Verdienst zu, die Grundlagen der Organisationsberatung gelegt zu haben. French stellt die Verbindung zum Ansatz der teilnehmenden Action Research her, wenn er *organization development* als »organization improvement through action research« definiert (French a. Bell 1969). Douglas McGregor und Richard Beckhard definierten in den 1950er-Jahren den Ansatz der Organisationsentwicklung als organisationsweiten partizipativen Prozess, in dem die Betroffenen ihre Arbeitswelt humaner gestalten und gleichzeitig die Effektivität und Lebensfähigkeit der Organisation stärken.

Auch Edgar Schein führte mehrere Jahrzehnte lang Sensitivity Trainings und Learning Laboratories an den NTL durch. Als Mitbegründer der Organisationsentwicklung prägte er den Ansatz der »Prozessberatung« (Schein 1969), entwickelte in den 1980er-Jahren eine Theorie der Organisationskultur (Schein 1999) und gilt als Mentor der US-amerikanischen Organisationsberaterszene um Peter Senge.

Ganz in der Tradition der Förderung demokratischer Prozesse entwickelte Ron Lippitt zusammen mit Ed Lindaman in den 1960ern das »Preferred Futuring«, einen OE-Prozess für Communities. Das bei uns kaum bekannte Grunddesign der Zukunftskonferenz (Lippit 2000) wird heute noch von seinem Sohn Lawrence Lippitt vertreten. Ron Lippitts Lebensgefährtin war Kathleen Dannemiller, die bei Ford bereits in den frühen 1980er-Jahren Großveranstaltungen durchführte (Dannemiller a. James 2002).

---

6 Ein Lernsetting, das analog zur Gruppendynamik die Dynamiken in Organisationen simulierte.

Aus dem Kreis der Gruppendynamiker ging auch Chris Argyris hervor, der ebenfalls eng und prägend mit der US-amerikanischen Beraterszene verbunden ist. Seine »Action Science« ist der Versuch, das Vorgehen des Action-Research-Ansatzes wissenschaftlich zu untermauern und auszudifferenzieren. So entstanden seine Arbeiten zur »Lernenden Organisation« (Argyris 1992), die die Konzepte der »Abstraktionsleiter«, des »Single- und Double-Loop-Lernens«, der »Defensivroutinen«, der »theories espoused und theories in use«, unterschiedliche Formen des Dialogs u. a. m. umfassen.

Mit Beginn der 1970er-Jahre gelangten diese Impulse ins deutschsprachige Europa. Gerhard Fatzer führte im Schweizer Trias-Institut die in den USA bewährten OE-Programme durch. Traugott Lindner brachte die Gruppendynamik von den NTL an das Wiener Hernstein-Institut; die ÖGGO[7] wurde gegründet – praktisch alle namhaften systemischen Organisationsberater in Österreich wurden dort »sozialisiert«. Mit dem Beginn der 1980er-Jahre setzte man sich dort mit den Entwicklungen der Systemtheorie, insbesondere in Familientherapie, Kommunikationswissenschaft, Philosophie und Soziologie, auseinander.

Zur selben Zeit hatte die Gruppe der Heidelberger Familientherapeuten die Mitglieder der Palo-Alto-Gruppe, die Mailänder Familientherapeuten sowie zahlreiche Vertreter der wachsenden Szene der Systemtheorie – Physiker, Mathematiker, Erkenntnisbiologen, Soziologen, Philosophen – wiederholt zum Austausch nach Heidelberg eingeladen. Aus diesem umfassenden interdisziplinären Dialog entwickelten die Heidelberger Familientherapeuten und die Wiener Gruppendynamiker den systemischen Beratungsansatz für soziale Systeme, der anfangs gleichermaßen auf Familien wie auf Organisationen angewandt wurde (siehe Krizanits 2009).

In der zweiten Hälfte der 1980er-Jahre entstand der Begriff *Organisationsberatung* als Dachmarke für unterschiedliche Beratungszugänge, denen ein bestimmtes – im Action-Research-Zugang begründetes – beraterisches Vorgehen in komplexen sozialen

---

7 Österreichische Gesellschaft für Gruppendynamik und Organisationsentwicklung.

Systemen gemein ist, das zum Ziel hat, Organisationen jedweden Typs in ihrem Selbstentwicklungspotenzial für ihre jeweiligen spezifischen Herausforderungen zu stärken (Wimmer 2008, S. 4).

Organisation – Beratungsbedarf – Beratungsansatz im Zeitgeist

Das Beratungsparadigma der *Organisationsentwicklung* – Mitarbeiter arbeiten silo- und hierarchieübergreifend in Prozessen zur Verbesserung ihrer Arbeitswelt zusammen, Ziele und Lösungen entstehen »unterwegs« – kommt in den 1970er-Jahren in den USA zur Blüte; es deckt den spezifischen Beratungsbedarf großer Konzerne ab, ihre Organisationen – schwerfällige, in sinnentfremdender Arbeitsteilung überbürokratisierte und -hierarchisierte »Tanker« – in die Integrationsphase[8] zu führen.

Anfang der 1990er-Jahre fordern Umbrüche in Politik, Wirtschaft, Technologie und Gesellschaft Organisationen eine neue Fähigkeit ab: ihre Verfasstheit in Bezug auf Strategie, Struktur und Kultur radikal, gezielt und turboschnell zu reengineeren. Damals entsteht das Beratungsparadigma des *Change-Managements*, das den »Schalter umlegen« soll – in einer zeitlich begrenzten Parallelstruktur zum Business mit ausgetüftelten Prozessarchitekturen, die eine Fülle projektmanagementmäßiger Problemlösungen konzertieren mit neuen Beteiligungs- und Kommunikationsprozessen, neuen Rollenskripten und einem Steuerungsmodell rollierender Planung.

Seit Mitte der 1980er-Jahre spricht man vom *systemischen Beratungsansatz*, der für das theoretische Verständnis sozialer Systeme Zugänge von Chaosforschung, Konstruktivismus und Erkenntnisbiologie integriert und Methoden und Tools aus der Familientherapie einsetzt. Dazu gehören das zirkuläre Fragen, das Anfertigen von Beobachtungen 2. Ordnung, die Hypothesenbildung, Interventionen als Verstörungsversuche sowie die systemischen Prämissen – ein Set von Haltungen und Einstellungen. Der Begriff *systemische Organisationsberatung* bezeichnet dabei im

---

8 Glasl und Lievegoed (1996) unterscheiden die Pionierphase, die Differenzierungsphase und die Integrationsphase als typische Entwicklungsstadien von Organisationen; später stellte Fritz Glasl die Assoziationsphase dazu.

Grunde die Integrationsleistung vieler vorher in anderen Kontexten bewährter Zugänge in einen eigenständigen, konsistenten Beratungsansatz für Organisationen.

Seit den 1990er-Jahren verbindet sich dieser Beratungsansatz zunehmend mit der *Soziologie Niklas Luhmanns* (Luhmann 1984). Dieser ergänzt die Gemengelage aus Methoden und Werkzeugen mit einer rahmensetzenden Theorie, die Beraterinnen hilft, das Geschehen in Organisationen gezielt zu beobachten, zu interpretieren und zu diagnostizieren. Denn Luhmanns Systemtheorie beschreibt typische Autopoiese-Prozesse für Organisationen – z. B. die Kommunikationsprozesse des Mitteilungs- und des Sinnverstehens, das Treffen von Entscheidungen, das Setzen von Entscheidungsprämissen durch Programme, Kommunikationsstrukturen, Personen, Operationen von Selbst- und Fremdbeobachtung u. v. m. (siehe Krizanits 2009, S. 43 ff.). Diese anspruchsvolle systemische Theoriebasis ist dem Beratungsgegenstand – komplexen, in volatile, turbulente Umfelder eingebetteten Organisationen – angemessen.

Luhmann wollte eine generelle Theorie schreiben; er beschäftigte sich nicht mit Methoden für die Gestaltung interaktiver Prozesse sozialer Bedeutungsgebung. Der Action-Research-Ansatz lässt sich aber nahtlos im Rahmen der luhmannschen Systemtheorie fortschreiben, die ja in kommunikativen Austauschprozessen überhaupt die Grundlage für Existenz und Fortbestand von Organisationen sieht. Personen als psychische Systeme werden zwar als Umwelt sozialer Systeme konzipiert; über Sinn sind Personen und Organisationen aber strukturell aufs Engste gekoppelt. Sinn ist das effizienteste Kommunikationsmedium in Organisationen und gleichzeitig die effektivste Form der Erfahrungsverarbeitung im psychischen System.

Auch wenn die Systemtheorie die Genese von Kommunikationsmustern in Organisationen als Emergenzprozess versteht, liegt doch auf der Hand: Ein gezielter Prozess der Verstörung von Kommunikationsmustern kann nur darin bestehen, soziale Interaktionen zu schaffen, in denen gezielt mit Kommunikationsanschlüssen experimentiert wird – nach der klassischen Schrittfolge: Variation, Selektion, Retention. So kann neuer Sinn entstehen; neue Kommunikationsanschlüsse und -muster stärken die Autopoiese der Organisation und koppeln die psychischen Systeme der Personen strukturell stärker an. Diese Zusammenhänge werden in den folgenden Ausführungen genauer beleuchtet.

Organisationsberaterinnen werden gerufen, wenn die Kommunikation nicht mehr funktioniert, das heißt, wenn sie sich rekursiv auf unzweckmäßige Muster, auf überholte Kommunikationsanschlüsse eingeengt hat.

Die Organisationstheorien der Berater haben sich mit den Entwicklungen in Organisationen und Gesellschaft immer wieder verändert – das Geschäft ist das gleiche geblieben. In der Organisationsberatung geht es nach wie vor um die Stärkung der Lebens- und Entwicklungsfähigkeit von Organisationen; der Action-Research-Ansatz ist der methodische Schlüssel dazu. Kurz: Der Action-Research-Ansatz ist so aktuell wie eh und je.

Charakteristika komplexer sozialer Systeme

Der Begriff »System« lässt sich am besten übersetzen mit »Wirkungsgefüge«: Verschiedene Einflussgrößen interagieren miteinander und sind aufeinander bzw. auf sich selbst rückgekoppelt. »You cannot kiss a system« (Gunther Schmidt), denn es ist immateriell, eine Wahrnehmungsleistung des Beobachters. Jedes System hat eine inhaltliche, eine zeitliche und eine soziale Grenze zu seiner Umwelt, die von den Systemauswirkungen betroffen sein mag, aber keinen Einfluss auf das Wirkungsgefüge hat.

Nehmen wir das System Rushhour: Die inhaltliche Grenze sind alle Mobilitätsbewegungen in einem Gebiet, die soziale Grenze sind alle sozialen Gruppen, die die Einwirkfaktoren abbilden, also die Autofahrer, die Schüler, die Benutzer öffentlicher Verkehrsmittel, die Betriebe, die Betreiber von Baustellen auf der Autobahn, die Frischwarenlieferanten usw. Die zeitliche Grenze liegt beispielsweise zwischen 6.30 und 9.00 Uhr vormittags und 16.30 bis 18.00 Uhr nachmittags. Die einzelne Person ist nicht Bestandteil des Systems, sondern Umwelt. Fragen Sie die Frau, die in der überfüllten U-Bahn zur Arbeit fährt oder den Autofahrer, der im Stau steckt; beide werden klagen, dass sie keinen Einfluss auf das System haben.

Charakteristika komplexer sozialer Systeme

Was sind komplexe Systeme?
Gegenüber technischen Systemen wie z. B. einem Thermostaten oder dem Autopiloten im Flugzeug haben komplexe Systeme charakteristische Merkmale:

- Sie haben viele mögliche Inputs, viele mögliche Outputs und unbekannte Verknüpfungsmuster und Dynamiken. Die Systemgrenze zwischen dem, was zum Wirkungsgefüge beiträgt, und dem, was lediglich betroffene Umwelt ist, wird erst mit der Zeit sichtbar.
- Es besteht keine lineare Kausalität zwischen einem Input und einem Output. Vielmehr verändert das System als Folge eines Inputs oder eines Outputs seinen inneren Zustand.
- Als Folge kann ein und derselbe Input zu unterschiedlichen Zeitpunkten zu verschiedenen Outputs führen; verschiedene Inputs können zu verschiedenen Zeiten zu ein und demselben Output führen. – Genau genommen, kann man gar nicht mehr zwischen Input und Output unterscheiden. Ein Auffahrunfall hat andere Wirkungen zu Beginn der Rushhour als zu ihrem Höhepunkt, wo man nicht mehr unterscheiden kann, ob der Stau Ursache dafür oder Wirkung davon ist.

Das Kernmerkmal komplexer Systeme ist nicht die Vielfalt der Komponenten und Verknüpfungsalgorithmen; es ist auch nicht die Dynamik, die bewegte Abfolge von Mustern; das sind, für sich genommen, auch Merkmale hoher Kompliziertheit. Grundsätzliches Kernmerkmal komplexer Systeme ist, dass sie ihren *inneren Zustand verändern* – das hat schon Heinz von Foerster mit seiner »nichttrivialen Maschine« zum Ausdruck gebracht. Durch rekursive Operationen des Systems, d. h. dadurch, dass immer wieder dieselben Muster laufen, die auf den Ergebnissen vorangegangener Operationen aufsetzen, schaukeln sich kleine Abweichungen hoch, das System wird turbulent und kippt in einen neuen Funktionsmodus.

Steigert man z. B. die Auslastung in einer Abteilung in Spitzenzeiten, kann dies eine Weile zu immer höherer Produktivität führen. Fügt man aber immer wieder Belastungen hinzu, werden irgendwann die ersten Mitarbeiter wegen Krankheit ausfallen. Die Verbleibenden müssen noch mehr Arbeit leisten, sodass auch sie irgendwann ausfallen. Die aus dem Krankenstand zurückkehren, müssen so viel arbeiten, dass sie bald wieder krank sind. Das System hat sich auf ein neues, stabiles Funktionsmuster »Krankenstand« eingespielt – auch wenn man jetzt die Workload wieder auf das Ausgangsniveau senken würde.

Aus der Natur komplexer Systeme ergeben sich drei Prämissen für Beratung:

- *Kontextbezug:* Da komplexe Systeme ihre Funktionsmuster immer wieder ändern, kann man das Wirkungsgefüge nur in Bezug auf einen gegebenen Kontext verstehen.
- *Pfadabhängigkeit:* Wie das System auf einen gegebenen Input reagiert, hängt von seiner Vorgeschichte ab. Die Dinge lassen sich nicht rückabwickeln, weil sich die Funktionsmuster qualitativ verändert haben. Eine Lawine kann nie wieder den Berg hinaufrollen und zum Schneebrett werden.
- *Bezug zum Gesamtsystem:* Um ein bestimmtes System abgrenzen zu können, braucht es ein gewisses Verständnis des Gesamtsystems. El Nino kann man als Wirkungsgefüge nur abgrenzen, wenn man Mechanismen des Wetters, der Luft- und Wasserströmungen versteht.

Die in der Organisationsberatung anstehenden Systeme sind jedoch nicht nur komplex; es handelt sich auch um *soziale* Systeme, was noch einmal besondere Konsequenzen für methodisches Vorgehen mit sich bringt.

Was sind soziale Systeme?
Die Bedeutung des Konstrukts »soziale Systeme« hat sich seit den Frühzeiten der Organisationsberatung verändert. Dazu (Froschauer u. Lueger 1998, S. 27):

»Während der Symbolische Interaktionismus soziale Systeme als Verkettung von Einzelhandlungen der AkteurInnen zu sozialem Handeln auffasst, betrachtet die Systemtheorie soziale Systeme als eigenständige emergente Ganzheiten, die unabhängig von den jeweiligen AkteurInnen eine eigene Dynamik entfalten.«

Charakteristika komplexer sozialer Systeme

Der systemtheoretische Blick macht den Begriff des Akteurs obsolet und verabschiedet damit auch die Vorstellung, dass Handeln in Organisationen immer planvoll ist. Die bestehenden Handlungsmuster lassen sich vielmehr oft genug nur durch Emergenz und Rekursivität erklären. Das bedeutet: Handlungsmuster, die irgendwann entstanden sind, werden beibehalten, solange man damit ein Auskommen findet und nicht von der Praxis widerlegt wird.

Dazu kommt, dass die Systemtheorie den Begriff »Handlung« durch »Kommunikation« ersetzt. Soziale Systeme – das sind nach Luhmann Gesellschaft, Organisationen oder Interaktionssequenzen – sind ihrem Wesen nach komplexe Systeme von nicht berechenbaren *Kommunikationen*. Es gibt Kontingenz, viele Möglichkeiten, wie die Mitteilung einer Person von anderen Personen verstanden wird, ob sie überhaupt im Meer des weißen Lärms als Mitteilung ausgemacht wird. Umgekehrt resultieren nicht wenige kommunikative Missverständnisse daraus, dass ein Empfänger vermeint, eine Mitteilung bekommen zu haben, für deren Verschicken sich niemand zuständig fühlt.

Das liegt daran, dass das »psychische System« des Menschen, der »Apparat«, mit dem er wahrnimmt, denkt, fühlt, ebenfalls ein komplexes System ist, das in rekursiven Schleifen auf seinen vorherigen Wahrnehmungen, Gedanken, Gefühlen aufsetzt und nur schwer von Außenreizen verstörbar ist. Die bildgebenden Verfahren der Hirnforschung belegen, dass z. B. ein optischer Reiz nur sehr wenige spezifische Hirnreaktionen auslöst, während die schiere Masse der ununterbrochen laufenden Feuerungsmuster der Nervenzellen sich auf sich selbst richtet.

Damit Kommunikation stattfinden kann, braucht es Kommunikationsanschlüsse, die den Sender einer Mitteilung und einen Empfänger zumindest so weit synchronisieren, dass der Empfänger merkt, dass ihm eine Mitteilung gesendet wurde – im besten aller Fälle versteht er den Sinn dieser Mitteilung genauso wie der Sender. Kommunikationsanschlüsse werden begünstigt durch *Kommunikationsmedien* – allen voran Sinn und Sprache. Auch die »symbolisch generalisierten Kommunikationsmedien« reduzieren Kontingenz: Macht, Geld oder Eigentum, wissenschaftliche Wahrheit, Liebe – all das kann in einem gegebenen Kontext eine Anschlusskommunikation wahrscheinlicher machen.

2 Das Paradigma des Action Research-Ansatzes

In Organisationen haben Aufbau- und Ablaufstruktur, Rollen und Funktionen, vereinbarte Ziele, Strategie, Artefakte der Unternehmenskultur, Werte im Führungsleitbild usw. die Wirkung von Kommunikationsmedien: Sie helfen, Kommunikationsanschlüsse herzustellen und Verhalten zu koordinieren. In Veränderungsprozessen sollen mithilfe von Beratung die Kommunikationsanschlüsse umgestellt und Kommunikationsprozesse bzw. -strukturen neu angelegt und »gebahnt« werden.

In dem Aspekt, dass sich soziale Handlungsmuster bzw. Kommunikationsstrukturen nur als Folge und im Rahmen eines interaktiven Sinngebungsprozesses zwischen den Betroffenen verändern lassen, sind sich Symbolischer Interaktionismus und Systemtheorie einig. Auch das methodische Vorgehen nach der Action-Research-Schleife bleibt gleich: Man wird die bestehenden Handlungs- bzw. Kommunikationsmuster untersuchen, die betroffenen Menschen zusammenbringen, bestehende Bedeutungsgebungen und Kommunikationsanschlüsse dekonstruieren und in Prozessen sozialer Interaktion neuen Sinn und neue Sprache konstruieren, bis sich neue Bedeutungen bzw. Kommunikationsprozesse einspielen.

Damit dies geschehen kann, hat die Organisationsberatung Methoden für die *zweckmäßige Gestaltung* der interaktiven Prozesse entwickelt.

Von der Gruppendynamik kommen die Konzepte von Feedback und Reflexion, von Scheins Prozessberatung die Definition der symmetrischen Beziehungsgestaltung, von der Kommunikationstheorie Paul Watzlawicks die Bedeutung der Beziehungsqualität als Verstehensanweisung für die Inhalte der Kommunikation, von der Gruppe von Forschern zur Lernenden Organisation die Hinweise zum Aufbau eines sozialen Containers sowie die Konzepte des Dialogs usw.

Die Gestaltung von Kommunikationsprozessen in Gruppen ist anforderungsreich; Dynamiken in Gruppen können komplex sein, Berater sind Teil davon. Deshalb gehört zur Professionalisierung von Beratern viel Selbsterfahrung:

- einmal die eigene Sozialisation betreffend, denn die prägenden Erfahrungen in der eigenen Herkunftsfamilie bestimmen oft

das »Grenzprofil« (Kantor 1999; Strategos 2007), den eigenen Deutungsrahmen für Ereignisse in sozialen Systemen;
- zum anderen den Umgang mit Gruppen betreffend, damit sie das eigene Verhalten, die eigene Wahrnehmung und das Wahrgenommenwerden in Gruppen reflektieren können.

Erfahrene Organisationsberater behaupten, systemische Organisationsberatung sei nicht von jedermann einfach praktizierbar, weil sie eine bestimmte Haltung sich selbst und anderen Menschen gegenüber voraussetzt. Das wird ihnen oft als Arroganz ausgelegt, stimmt aber. Niemand sagt jedoch, dass man diese Haltung zu sich und anderen nicht erwerben könne – aber eben über Sozialisationsprozesse, nicht über Methoden.

Bei der gezielten Gestaltung des Sozialen geht es nicht normativ um eine *bestimmte* Beziehungsqualität – z. B. die Ambition bezüglich »totaler Offenheit und Ehrlichkeit«, Nähe, »absolutes Vertrauen« usw. Organisationen sind aufgabenbasierte Systeme; die Menschen kommen nicht – wie z. B. Hippies – zusammen, um eine bestimmte Form der Beziehung zu leben, sondern zum Zweck eines gemeinsamen, organisierten Aufgabenvollzugs. Das Soziale kommt dazu, weil sich der Aufgabenvollzug nur sozial, d. h. über Kommunikationsanschlüsse zwischen Personen konstituieren kann.

Dabei gilt: Die Art der Aufgabe, die Qualität der Beziehung, das Ausmaß von Selbstkundgabe und Authentizität der Personen untereinander – das muss jeweils zweckmäßig aufeinander abgestimmt sein. Es ist Aufgabe von Beratern, die Stimmigkeit dieser Parameter in ihrem Verhältnis zueinander einzuschätzen. Ein Vorstandsteam, das sich nur auf der Inhaltsebene bewegt, wird sich in Appelle und Konflikte verstricken, solange nicht eine minimale Kooperationsbasis und ein angemessener gegenseitiger Respekt vorhanden sind.

Wann Organisationsberatung nachgefragt wird

Berater werden in der Regel nicht dafür angefragt, eine ganze Organisation zu beraten. Es geht immer um ein begrenztes Interaktionssystem *in* der Organisation. Ein System von Handlungsbezügen soll in seinen mentalen und instrumentellen Strukturen verändert werden, damit neue Freiheitsgrade erzielt werden können.

Mitunter löst ein Problem den Beratungsbedarf aus; die Formulierung des Beratungsanliegens enthält dann häufig schon einen Lösungsvorschlag aus der Sicht des Klienten.

Die angedrohte Mobbingklage vor Gericht ist der Anlass, der Mitarbeiterin ein Coaching zu verordnen. Ständiger Streit im Geschäftsführungsteam führt zur Anfrage bezüglich eines Teamfeedbacks, mit dem Kollege X endlich in seine Schranken verwiesen werden sollte.

Meist geht es aber nicht um eine Störung, sondern um eine Aufgabenstellung, für die von dritter Seite Starthilfe benötigt wird.

Eine neue Funktion entsteht – z. B. Supply Chain Management –, und mit den davon tangierten Aufgabenbereichen – Einkauf, Produktion, Lager, Logistik, Lieferanten – ist eine Neukonfiguration der Aufgabengebiete zu erarbeiten. Der neue Vorstandsvorsitzende will mit seinen Kollegen und Direct Reports ein neues Führungsleitbild erarbeiten. Mittelgroße Projekte können Aufbau und Entwicklung einer Prozessorganisation betreffen, die Einführung des virtuellen Büros oder Aufbau und Einführung eines Performance-Management-Systems. Schließlich kann es um umfangreiche und komplexe Umbauprozesse gehen, die anforderungsreiche Change-Architekturen bedingen: die Integration der Aufgabenbereiche, Systeme und Teams nach einem Merger, die Gründung oder Auflösung von Standorten, die Generationsübergabe im Familienunternehmen usw.

Beratung beginnt mit der eigenständigen, vom Berater durchzuführenden inhaltlichen, sozialen und zeitlichen Abgrenzung des Interaktionssystems, das beraten werden soll. Das ist gleichzeitig das *Beratungssystem*, d. h. die Menge der Interaktionen von Beratern und Kunden. Alle Informationen, Interpretationen und Interventionen finden im Rahmen dieses Beratungssystems statt, dem die Berater angehören. Berater können per Definition nicht auf das Klientensystem einwirken, das wäre paradox.

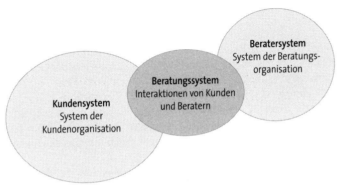

Abb. 2: Das Beratungssystem

Auch wenn nur ein begrenztes Interaktionssystem *in* der Organisation beraten wird, gilt: »Das ganze System ist der Kunde.« Ein Teilaspekt soll nicht auf Kosten der anderen optimiert werden, kurzfristige Optimierung nicht nachhaltige Entwicklung beeinträchtigen.

3 Kernmethoden systemischer Organisationsberatung

Dieses Kapitel beleuchtet die methodischen Eckpfeiler des Forschungszugangs in der systemischen Organisationsberatung: die *Kunst des Schleifengangs*, das Anfertigen von *Beschreibungen 2. Ordnung*, die *Wege und Weisen der Wahrnehmung* und wie man sie lenkt. Es beschreibt die methodischen »Leitplanken« *systemische Haltung*, *Sehe-Punkte* und *systemische Prämissen*, an denen Beraterinnen sich beim Anfertigen von Beobachtungen 2. Ordnung ausrichten.

Es folgt eine Schilderung der *systemischen Fragen*, die helfen, ein komplexes System zu erkunden, und gleichzeitig als Interventionen wirken, weil sie die Befragten in die Reflexion und zu neuen Wahrnehmungen führen. Schließlich wird die Interpretationsarbeit, das *Hypothesenbilden*, erklärt, das nach dem Prinzip der theoriegeleiteten Praxis jeder Intervention vorausgeht.

Die Kunst des Schleifengangs

Von Soeffner (1989, S. 23) stammt die Aussage:

> »Wer über die Akte der Deutung nichts weiß und sich über ihre Prämissen und Ablaufstrukturen keine Rechenschaftspflicht auferlegt, interpretiert [...] einfältig, d. h. auf der Grundlage impliziter, alltäglicher Deutungsroutinen und Plausibilitätskriterien.«

Reichertz (2005, S. 520) ergänzt:

> »Auf den Punkt gebracht, besagen diese Forderungen, dass der, welcher seine Beobachtung verstehen will, auch seine eigene Handlung des Verstehens [...] beobachten muss.«

Wie gelingt valides Verstehen? Was sind die angemessenen heuristischen Methoden, die die Wahrnehmung und Theoriebildung von Beobachtern 2. Ordnung lenken sollten?

Die Kunst des Schleifengangs

Die Action-Survey-Schleife

Kurt Lewin hat die Form des Forschungsprozesses im Action-Research-Ansatz definiert als Spirale von aufeinanderfolgenden Schleifen, die jeweils aus einer Schrittfolge von Planung und Durchführung von Handlungen mit anschließender Datenerhebung über ihre Auswirkungen besteht; das ist die *Action-Survey-Schleife*.

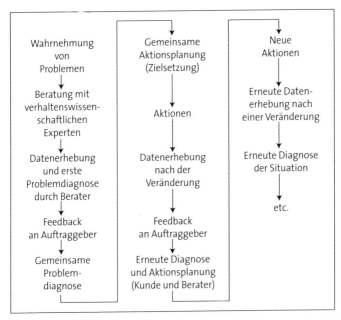

Abb. 3: Die Action-Survey-Schleife (nach: French a. Bell 1982, p. 109, zit. nach Staehle 1999, S. 594)

Sie beginnt mit Wahrnehmung von Problemen durch den Klienten, die ihn veranlassen, Berater anzufragen. Diese erheben Daten, erstellen eine Diagnose, die sie an den Auftraggeber zurückspiegeln. Mit dem Feedback des Klienten entsteht eine gemeinsame Problemdiagnose, die Basis ist für eine gemeinsame Planung und Durchführung von Aktionen. Dann beginnt eine neue Schleife von

Datenerhebung, Diagnoserstellung durch Berater, Rückspiegelung an den Klienten mit Aktionsplanung usw.
Die Vorstellung, dass ein Vorgehen in Schleifen bzw. die Aneinanderreihung von Schleifen zu einer Spirale ein geeignetes Modell für den Forschungs- und Erkenntnisprozess darstellt, ist nicht neu. Die Hermeneutik kennt den Begriff des *hermeneutischen Zirkels*.

»Die Vorstellung eines Zirkels (d. h. [einer] Kreisbewegung) bildet dabei die Tatsache ab, dass es keinen objektiv beginnenden und linearen, direkt zielführenden Weg zum Sinn [...] gibt, sondern der Verstehende sich erstens bereits in einer verstehenden Annäherungsbewegung befindet und dabei zweitens, wenn nicht sich schlicht nur ›im eigenen Kreise drehend‹, sich dem Verstehensziel bestenfalls analog einer Spirale annähert, ohne das angestrebte Ziel *Verständnis* unmittelbar erreichen zu können« (Wikipedia: »Hermeneutischer Zirkel«).

Nach Friedrich Ast (zit. nach Wikipedia, »Hermeneutik«), besteht der Verstehensprozess eigentlich im »Vorauswerfen« von Vorwissen mit anschließender Sinnerschließung (eines Textes z. B.), wodurch sich das Vorwissen weiterentwickelt.

Die systemische Schleife
Der Schleifengang ist explizit die heuristische Grundform der systemischen Organisationsberatung:

»Die systemische Schleife stellt ein einfaches Prozessmodell dar, welches die systemische Haltung zum Ausdruck bringt: ›Ich möchte verstehen, was läuft. Wir müssen zuerst Hypothesen bilden, reflektieren, nicht gleich agieren.‹ Dieses Basismodell besteht aus mehreren Schritten: Zuerst sammeln wir Informationen, bilden Hypothesen, bevor wir die Interventionen planen und durchführen« (Königswieser u. Hillebrand 2004, S. 45 f.).

Die *systemische Schleife* ist Modell für einzelne Schritte im Beratungsprozess wie auch für den gesamten Beratungsprozess.

»Innerhalb dieser Zeitachse geht es aber nicht linear, sondern eher spiralförmig zu« (ebd.).

Die *systemische Schleife* (Abb. 4) versucht, das, was in Sekundenbruchteilen in unserem Gehirn abläuft, wenn wir handeln müssen, künstlich in vier getrennte Schritte zu unterteilen, die jeweils bis zur »Sättigung« durchgeführt werden:

- das reine *Beobachten*, das Sammeln von Informationen
- das reine *Interpretieren*
- das *Generieren von Handlungsoptionen* im Brennglas eines Anliegens/Interesses, das für einen Handlungskontext relevant ist
- das Bewerten und *Auswählen* bestimmter Handlungsoptionen und das Handeln.

Die systemische Schleife entspricht der Schrittfolge der Action-Survey-Schleife, interpunktiert aber anders: Sie beginnt mit dem Sammeln von Informationen, nicht mit dem Setzen von Aktionen.

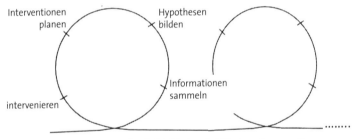

Abb. 4: Die systemische Schleife (nach Königswieser u. Exner 1998, S. 24)

Die systemische Schleife bildet den gestaltenden Forschungszugang der systemischen Organisationsberatung ab: Nach dem Action-Research-Motto »Keine Theorie ohne Praxis« werden im ersten Schritt Informationen zusammengetragen. Dann werden Hypothesen über Funktionsmuster des Systems aufgestellt. Erst dann folgen nach dem Motto »Keine Aktion ohne Theorie« die Interventionen der Berater, die versuchen, die Wahrnehmung der Personen und in der Folge deren Prozesse der Sinn- und Bedeutungsgebung sowie die Kommunikationsanschlüsse des sozialen Systems zu verändern. Das Bild der aufeinanderfolgenden Schleifen vermittelt das rekursive und iterative Vorgehen in der Beratung.

Beschreibungen 1. und 2. Ordnung

Heinz von Foerster wird die Prägung des Terminus »Kybernetik der Kybernetik« bzw. »Kybernetik 2. Ordnung« zugeschrieben. Den Wissenschaftern der Macy-Konferenzen, die die allgemeinen Funktionsweisen des menschlichen Geistes erforschen wollten, wurde klar, dass sie ja genau diesen Geist benutzten, um ihn zu beschreiben. Als Konsequenz daraus ergab sich die Forderung, dass die Modelle der Kybernetik (Kybernetik 1. Ordnung) auch die Modelle der Modellbauer (Kybernetik 2. Ordnung) umfassen müssten.

Auch die qualitative Sozialforschung kennt dieses heuristische Paradigma. So schreibt Schütz:

»Wissenschaftstheoretisch gesehen, bilden die Sozialwissenschaften eine Besonderheit, da ihre Daten auf Interpretationen von Akteuren beruhen« (zit. nach Brüsemeister 2000, S. 18).

Diesbezüglich wird auch von einer »doppelten Hermeneutik« gesprochen – doppelt, weil es sich um eine »Kunst der Interpretation von jedermanns ›Interpretationskunst‹ handelt« (Willems 2005, S. 49).

Wenn systemische Organisationsberater die Handlungs- und Deutungsmuster in einem sozialen System untersuchen, sind sie in einer vergleichbaren Position: Sie sind *Beobachter 2. Ordnung*, die das System dabei beobachten, wie es seine Welt konstruiert (Beobachtung 1. Ordnung); dabei sind sie selbst Teil des Beratungssystems, das sie beobachten.

Beschreibungen 1. Ordnung sind die Wirklichkeitskonstruktionen, die das System selbst anfertigt. In einem Konfliktsystem kann z. B. eine Seite in einem Verhalten x eine »schwere Grenzüberschreitung« sehen, während die andere Seite von einem »Missverständnis« spricht. Beide Konstrukte sind Beobachtungen bzw. Beschreibungen 1. Ordnung der Akteure. Die *Beobachtung 2. Ordnung* der Beraterin adressiert das Muster: Die Sichtweisen der Konfliktpartner gehen auseinander; sie interpretieren das Verhalten X sehr unterschiedlich.

Beschreibungen 1. Ordnung

Beschreibungen 1. Ordnung sind methodisch relativ einfach zu fassen. Es gibt sie haufenweise, sie sind prinzipiell leicht zugänglich. Folgende Informationsquellen führen Beraterinnen zu den Beschreibungen 1. Ordnung eines Systems:

- Selbstbeschreibungen des Systems insbesondere auf Websites, in Jahresberichten, Produktbeschreibungen, Mitarbeiterzeitungen sowie in Artefakten wie Gebäudegestaltung, Dresscode, Umgangsformen usw.
- Ereignisse und Geschehnisse, die Beraterinnen vor Ort beobachten bzw. in die sie eingebunden sind (Critical Incidents)
- Geschichten und Erzählungen von Interviewpartnern bzw. aus spontanen Kontakten (z. B. mit Portier, Sekretärin, Chauffeur)
- inhaltliche Aussagen in den Interviews
- Muster in den Aussagen wie Häufigkeiten, Wiederholungen, Übereinstimmungen und Widersprüche
- Kernbegriffe, Metaphern, Dramatisierungen, Konflikte, Tabus usw., die darauf hinweisen, wie Personen ihre Wirklichkeit interpunktieren und konstruieren
- die eigenen Resonanzen, Affekte, Verhaltensmuster der Beraterinnen während der Erhebung, d. h. im Beratungssystem, und bei der Staffarbeit[9].

Die eigentliche methodische Herausforderung besteht für die Beraterinnen darin, sich diese Quellen in angemessener Weise zu erschließen, um daraus Beschreibungen 2. Ordnung anzufertigen.

Beschreibungen 2. Ordnung als methodische Herausforderung

Welche Anforderungen an Forschungsmethoden ergeben sich daraus?

Die Beraterin ist ihr eigenes Werkzeug; was und wie sie beobachtet, d. h. ihre Wahrnehmung, ist die Vorlaufgröße für ihre Erkenntnis; daher von Foersters Spruch: »Der Beobachter macht die Beobachtung.« Methodisches Vorgehen muss deshalb auch

---

9 Staffarbeit ist die Arbeit der Berater untereinander z. B. beim Hypothesenbilden oder bei der Vor- und Nachbereitung von Workshops usw.

die methodische Lenkung der eigenen Aufmerksamkeit umfassen, was Thema des nächsten Kapitels ist. Dazu nochmals Soeffner (1989, S. 23): »Zum Verstehen gehört deshalb auch das Verstehen des Verstehens.«

Die besondere methodische Herausforderung liegt darin, dass Berater ja in erster Linie das Beratungssystem, d. h. die Menge ihrer Interaktionen mit dem Klientensystem, beforschen können. Dort tragen sie als Teilnehmer zu Systemdynamiken bei und sind gleichzeitig von ihnen betroffen. Erkenntnistheoretisch heißt das, dass es auch Methoden für die Beobachtung der Forscher von sich selbst als Teilnehmer braucht.

Es kommt eine dritte methodische Herausforderung dazu: Soziale Systeme haben die Eigenart, alles, was passiert, als Kommunikation zu prozessieren, so auch das Beobachtetwerden durch Berater. Die Aussage »Der Beobachter macht die Beobachtung« bekommt so eine weitere Bedeutung: Viele Gegenstände der Beobachtung entstehen erst als Artefakt des Beobachtetwerdens; so wird z. B. eine Interviewsituation an und für sich zum Kontext für spezielle Bedeutungsgebungen. Ein Interviewpartner kann einer Frage z. B. die Absicht von Interesse oder Aushorchenwollen zuschreiben. Die Interviewsituation beeinflusst auch das Mitteilungsverhalten der Befragten. Sie treffen Annahmen darüber, was die Berater gern hören wollen, was sie glauben, dass diese anderen berichten werden, was ein anderer, nämlich der Auftraggeber, hören sollte; oder sie erzählen zum Trotz, was niemand hören will. Und: Jede Frage, die der Informationsgewinnung durch den Berater dient, kann zur Intervention werden und beim Befragten Wahrnehmung und/oder Bedeutungsgebung verändern.

Kurz, der Lichtstrahl der »Erkenntnis« der Beobachter wird durch viele Prismen gebrochen. Umso wichtiger sind daher angemessene heuristische Methoden, Methodenvielfalt und eine breite Datenbasis.

Wege und Weisen der Wahrnehmung

Der Konstruktivismus hat uns die Einsicht gebracht, dass wir alle »Brillen tragen« und unsere Wirklichkeiten individuell konstruieren. Wir fertigen Landkarten an, die unsere Wahrnehmung der

Landschaft abbilden, nicht aber die Landschaft sind. Systemtheorie und Hirnforschung sehen das Bewusstsein – das »psychische System« – als einen selbstreferenziellen, rekursiv arbeitenden Apparat, der aufgrund bestehender Bedeutungsgebungen selektive Wahrnehmungen produziert, die in einem geschlossenen Kreislauf wiederum die vorgelagerten Bedeutungskriterien bestätigen.

Was heißt das für die Herausforderung, valide Beobachtungen zu machen und in der Folge Beschreibungen 2. Ordnung anzufertigen? Wie lässt sich die Rekursivität der Wahrnehmung unterbrechen – zuerst einmal: Wie kommt sie zustande?

Die Abstraktionsleiter

Chris Argyris hat das Modell der Abstraktionsleiter entwickelt (Ross 1996, S. 279 ff.), um mithilfe dieser Metapher den Prozess der Wirklichkeitskonstruktion abzubilden (siehe Abb. 5). Wenn wir handeln, stehen wir auf der obersten Stufe der Leiter: Wir handeln auf der Basis unserer Überzeugungen, wie mit einer gegebenen Situation umzugehen sei. Auf der untersten Stufe der Leiter finden sich beobachtbare Daten und Erfahrungen, d. h. die »reine Beobachtung«, wie sie mit einem Aufzeichnungsgerät gemacht würde. Da sich die unendliche Fülle aller beobachtbaren Daten aber kaum prozessieren ließe, versuchen wir, auf der zweiten Leiterstufe ein wenig Überblick zu gewinnen: Wir interpunktieren den Strom der Ereignisse und selektieren bestimmte Daten, denen wir auf der nächsthöheren Leiterstufe eine Bedeutung geben.

Beispielsweise selektiere ich aus dem Strom der Ereignisse während einer Präsentation das Stirnrunzeln eines Kollegen, dem ich die Bedeutung von Kritik gebe. Solche Bedeutungen lassen mich auf die nächste Leiterstufe hochsteigen, auf der ich Annahmen bilde, z. B. dass Kollege X sich kritisch über mich äußern wird. Auf der Basis dieser Annahmen steige ich eine weitere Sprosse empor und ziehe Schlussfolgerungen, z. B. die, dass Kollege X einen Konkurrenzkampf mit mir ausficht. Das führt mich eine Stufe höher: zu einer allgemeinen Überzeugung in Bezug auf die Welt, z. B. dass das Berufsleben eben ein Konkurrenzkampf ist, in dem man niemandem vertrauen kann. Nun stehe ich auf der obersten Stufe und handle, gestützt auf meine Überzeugungen: Wenn Kollege X fragt, ob ich ihm meine Präsentation mailen könne, sage ich Nein.

Das Wesentliche am Modell der *Abstraktionsleiter* sind nicht nur die Abstraktionssprünge, die man mehr oder weniger detailliert unterteilen kann, sondern die Tatsache, dass sich zwischen den verschiedenen Leiterstufen *rekursive, sich selbst bestätigende Feedbackschleifen* einstellen. Das bedeutet: Die Überzeugungen, die ich bezüglich der Welt habe, leiten ihrerseits die Auswahl der Daten an, die ich wahrnehme; die Schlussfolgerungen, die ich aus meinen Annahmen ziehe, bestätigen sich in den Bedeutungen, die ich den selektiv wahrgenommenen Daten gebe; usw. So wird Wahrnehmung zu einem sich selbst bestätigenden, geschlossenen Prozess der Wirklichkeitskonstruktion.

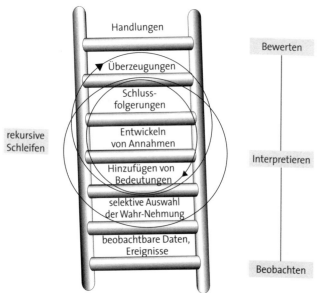

Abb. 5: Ebenen der Wirklichkeitskonstruktion nach Chris Argyris' Abstraktionsleiter (weiterbearbeitet nach Senge et al. 1997, S. 280)

Wie lässt sich diese rekursive »Mechanik« unterbrechen? Zwei methodische Wege können den Beobachter 2. Ordnung aus der Rekursivität führen.

Zum einen kann man die Abstraktionsleiter umgekehrt als Abstiegshilfe verwenden. Dazu reicht ein einfacheres Modell, das zwischen den drei Abstraktionsebenen »Beobachten/Beschreiben«, »Erklären/Interpretieren« und »Bewerten/Urteilen« unterscheidet.

Die Aussage »Im vergangenen Jahr startete die Firma X eine Initiative, um mehr Produktinnovationen auf den Markt zu bringen« hat den Status einer Beobachtung; der Satz »Dem Management der Firma X ist laufende Innovation sehr wichtig« ist eine Interpretation; die Aussage »Die Firma X hat zu wenig Innovationspotenzial in Hinsicht auf den zu erwartenden Verdrängungswettbewerb in ihrem Markt« ist eine Bewertung.

Zum anderen kann man ganz bewusst darauf achten, wie die Abstraktionsleitern des beobachteten Systems im Einzelnen aufgebaut sind. Welche Daten filtert das System als Informationen aus dem Strom der Ereignisse heraus? Welche Bedeutungen werden ihnen zugeschrieben? Welche Annahmen, Schlussfolgerungen, allgemeinen Überzeugungen in Bezug auf die Welt gibt es? Was sind die tatsächlich beobachtbaren Handlungen bzw. Entscheidungen in diesem System? Entsprechend diesen Beobachtungsfokussen klettert man als Beraterin ein wenig auf den Abstraktionsleitern des zu beratenden Systems herum.

Das Zusammenspiel von Verständnis und Verstehen

Angesichts von rekursiven Schleifen und hermeneutischen Zirkeln stellt sich die Frage: Was ist zuerst, die Wahrnehmung oder die Bedeutungsgebung bezüglich der Wahrnehmung? Anders gefragt: Wie organisiert sich Wahrnehmung im Zusammenspiel zwischen Vorverständnis und Verstehen?

In der qualitativen Sozialforschung wird in diesem Zusammenhang der Begriff der »Mimesis« verwendet. Ricœur (1981, p. 20, zit. nach Flick 2005, S. 160) schreibt dazu: »Mimesis ist jenes Vorverständnis dessen, was menschliches Handeln ausmacht; seine

Semantik, seine Symbolik, seine Zeitlichkeit.« Dazu Gebauer und Wulf (1992, S. 11, zit. nach Flick 2005, S. 158): »Sie [die Mimesis] stellt eine sonst nicht erreichbare Nähe zu den Objekten her und ist daher eine notwendige Bedingung von Verstehen.«

Die systemische Organisationsberatung verweist hier auf eine grundsätzliche *Haltung von Neugierde, Wertschätzung* und sich dem System zuwendender *Allparteilichkeit* als notwendige Voraussetzung für gute Beratungsarbeit. Die Grounded Theory sieht in einer Haltung der Neugierde, der Empathie, des Zugeneigtseins eine Voraussetzung für »theoretische Sensibilität«. Auch die Hermeneutik kennt den Zusammenhang zwischen Haltung des Forschers und Erkenntnis. So sagt Gadamer, dass Grundlage der Interpretation die »Ergriffenheit« des Lesers ist; anders ausgedrückt: »[...] dass wir begreifen, was uns ergreift« (»Hermeneutischer Zirkel«, Wikipedia [siehe Lit.]).

Von Spiegelneuronen und Resonanzen

Die jüngeren Ergebnisse der Hirnforschung tragen dazu bei, die Zusammenhänge zwischen Verständnis und Verstehen zu erhellen.

Joachim Bauer (2005) etwa hat in seinen Studien herausgefunden, dass, wenn wir beobachten, was jemand tut (beispielsweise ein Glas Wasser in die Hand nehmen), in unserem Gehirn neuronale Feuerungsmuster entstehen, die spiegelgleich denen der handelnden Person sind. Mehr noch: Unsere Spiegelneuronen führen eine angefangene Handlungssequenz zu Ende, auch wenn wir nur den Anfang beobachten können. Spiegelneuronen gelten als physiologisches Substrat der Empathie, die uns hilft, einen anderen Menschen zu verstehen und angefangene »Skripte« zu vervollständigen. Empathie ist ein spezifisches Merkmal sozialer Interaktion; wenn dasselbe Glas von einem Roboterarm hochgehoben wird, gibt es keine vergleichbare Hirnaktivität beim Beobachter.

Es gibt also neben der verbalen und nonverbalen Ebene auch eine neuronale Ebene der Kommunikation in sozialen Interaktionen. Die *empathische Einstimmung* aufeinander ist ein ganz wesentlicher Kanal, der uns zu Informationen und Erkenntnissen verhilft. Das bedeutet umgekehrt, dass die gezielte und gekonnte Förderung von Empathie als methodischer Schritt gelten kann, da die Wahrnehmung des Beraters ja die Vorlaufgröße für Erkenntnis ist.

Aber nicht nur die Aktivitäten des psychischen Systems vermitteln sich über neuronale Muster, auch die Kommunikationsmuster sind ansteckend. Immer wieder stoßen Berater, die zu zweit oder mehreren im selben System arbeiten, in ihrer Staffarbeit unvermittelt auf die Selbsterkenntnis, dass sie untereinander bestimmte Kommunikationsmuster reproduzieren, die auf die Muster im Beratungssystem verweisen.[10]

> Das kann Hyperaktivität und exaltierte Blödelei im jungen Hightech-Unternehmen sein; das brave An-die-Arbeit-Gehen, wenn man eine Schule berät; Streit über alles und nichts in einer Konfliktmoderation; das endlose Reden über Regeln und Ausnahmen, wenn man eine Verwaltungseinheit berät; null Bock und Widerstand, überhaupt mit der Arbeit zu beginnen, wenn die Geschäftsleitung im Merger-Prozess willensmäßig noch nicht »über den Rubikon« ist; bleierne Müdigkeit und latente Angstgefühle, wenn es im System um Dauerhochleistung und Burn-out geht; usw.

Das heißt, das Beratersystem konstruiert untereinander ähnliche Relationen, es trifft ähnliche Unterscheidungen, es geht die Prozesse der Wirklichkeitsbeschreibung ähnlich an wie das Beratungssystem, in dem es gerade berät. Wir haben dafür den Begriff *Resonanzphänomene* verwendet.

Die Befindlichkeit der Berater – also wie es ihnen beim Wahrnehmen, Nachdenken und Fühlen geht – und ihre Resonanzen auf Kommunikationsmuster im System sind eigene *Datenquellen*, die Zugang zu den Funktionsmustern des Systems verschaffen – wenn sie sich dies bewusst machen und reflektieren, z. B. mit den Fragen: »Wie sind wir eigentlich gerade unterwegs, und was hat das mit dem System zu tun?«

---

10 Wir haben diese Phänomene im quasiexperimentellen Setting der Abschlussarbeit im Ausbildungsprogramm »neuwaldegger curriculum für systemische Unternehmensentwicklung« regelmäßig beobachtet und waren jedes Mal frappiert, wie unvermeidbar und deutlich sie auftraten.

Das Erfahrungsgedächtnis – Verbündeter in komplexen Situationen

Wenn es um den Zusammenhang zwischen Verständnis und Verstehen gilt, sind auch die jüngeren Forschungen von Maja Storch und Frank Krause (2007) erhellend. Das Erfahrungsgedächtnis – neben dem Cortex eine zweite Instanz unserer Erfahrungsverarbeitung – ist rund um die Uhr aktiv und ungleich leistungsfähiger als der Cortex, der sich nur im Wachzustand und im Mittelmaß zwischen Unter- und Überforderung effizient zeigt. Es arbeitet ohne Sprache, uns unbewusst und vermittelt sich lediglich über diffuse »somatische Marker« z. B. das berühmte Bauchgefühl, weiche Knie, flaue Lippen usw.

Die bildgebenden Verfahren der Hirnforschung belegen neuronale Feuerungsmuster im limbischen System 200 Millisekunden nach einem Reiz. Die Leistung des Erfahrungsgedächtnisses besteht darin, dass es auf diesen Reiz hin simultan viele Szenarien produziert, die uns helfen, den Gehalt einer Situation zu erfassen. So wie der Cortex in der Lage ist, bestehende Informationen zu völlig neuen zu verbinden (und nicht nur Gespeichertes abruft), so kann auch das Erfahrungsgedächtnis neuartige, noch nicht erfahrene Szenarien produzieren. Immer wenn wir uns in völlig neuen, komplexen Situationen befinden, sind wir auf die Unterstützung unseres Erfahrungsgedächtnisses angewiesen.

Im Unterschied zum Cortex, der eher langsam, sequenziell und im analytischen Modus funktioniert, arbeitet das Erfahrungsgedächtnis schnell, simultan, mit verdichteten Bildern, die auf musterhafte Zusammenhänge abstellen. Während der Cortex Erfahrungen nach der Logik von richtig oder falsch verarbeitet, produziert das Erfahrungsgedächtnis nach der Logik von »Mag ich« oder »Mag ich nicht« gemischte Affektlagen, die gleichzeitig jeweils Annäherungs- und Vermeidungsverhalten auslösen. Es braucht eine gewisse Affekt*bilanz*, bei der die Annäherungskräfte weit überwiegen, damit man sich auf eine Sache zubewegen kann; ein Zuviel an Vermeidungsaffekten führt hingegen dazu, dass wir uns von dieser Sache abwenden und sie in der Folge nicht mehr ergründen können.

Was lässt sich daraus ableiten für die Förderung von Erkenntnis? Wir können unser Erfahrungsgedächtnis produktiv stellen, wenn wir es mit Bildern und Metaphern »füttern«. Man kann direkt nach Bildern und Metaphern der Interviewpartner fragen, was auch ein Typus der systemischen Fragen ist. Wichtig ist außerdem, das Erfahrungsgedächtnis in eine Affektlage von Annäherung zu bringen; das wird gefördert durch eine Haltung von Neugierde und Wertschätzung, durch die systemischen Prämissen der Ressourcen- und der Lösungsorientierung.

Das ist ein zentraler Punkt für das Anfertigen von Beobachtungen 2. Ordnung und Hypothesen: Ironie, »Killerphrasen«, übermäßige Kritik, lange Mängellisten – all das weist auf eine defensive Haltung des Beobachters hin, die ihn in seine eigene Rekursivität einsperrt: Er wird nur Wahrnehmungen und Gedanken produzieren, die diese defensive Haltung bestätigen. Der mögliche kathartische Anfangseffekt geht zulasten der Erkenntnis, weil das Erfahrungsgedächtnis nur »Vermeidung« funkt.

Das Dilemma mit der Nähe und der Distanz

So wie einerseits empathische Zuwendung und Nähe notwendig sind, damit Unbekanntes wahrgenommen werden kann, so ist andererseits eine gewisse Distanz zum System Voraussetzung dafür, überhaupt eine Perspektive der Beobachtung 2. Ordnung aufrechtzuerhalten.

> »Auf der einen Seite droht dem Forscher als vollständiger Teilnehmer ein ›going native‹, d. h. die unreflektierte Übernahme von Perspektiven aus dem Feld. Auf der anderen Seite bekommt er in der Rolle eines vollständig distanzierten wissenschaftlichen Beobachters unter Umständen gar nicht die Informationen, die er aus der Beobachtungssituation erhalten möchte« (Brüsemeister 2000, S. 84).

Wie soll sich die Beraterin in diesem Dilemma bewegen? – Es gilt, beide Seiten aufrechtzuerhalten, d. h. weder auf die eine noch auf die andere Seite zu fallen.

Das klare Indiz dafür, dass Berater ins System fallen, ist, wenn sie eine Rolle einnehmen, die eigentlich Systemmitgliedern zukommt. Wenn Berater für Entscheidungen im System Überzeugungsarbeit leisten, wenn sie argumentieren, veranlassen, sanktionieren, dann agieren sie in einer Führungsrolle. Signal dafür ist die häufige Verwendung des Wortes »Wir«. Dieses Wort ist nur angebracht, wenn es um gemeinsame Schritte im Beratungssystem geht, niemals aber, wenn es um die Gestaltung der Wirklichkeit 1. Ordnung im Klientensystem geht.

Systemische Organisationsberatung braucht ein aufrechtes Dilemma von Nähe und Distanz. Mehr noch: Da das ganze System der Kunde ist und letztlich das Entwicklungspotenzial der Organisation gestärkt werden soll, ist es auch notwendig, die Beziehungen zu verschiedenen Systemrepräsentanten im Sinn der Äquidistanz und Äquinähe zu gestalten.

Die Rolle der Fachkenntnis

Wie viel Fachkenntnis brauchen systemische Organisationsberater, wenn sie die Funktionsmuster eines Systems verstehen und das System bei der Entwicklung neuer Funktionsmuster begleiten wollen?[11]

Natürlich braucht es ein angemessenes Fachwissen für das jeweilige Interaktionssystem, das man berät.

Für eine Konfliktmoderation betrifft dies Modelle, Theorie über Konflikttypen, Eskalationswege, Bearbeitungsstrategien. Will man ein Leitungsteam bei seiner Strategieklausur begleiten, ist Kenntnis der Instrumente des strategischen Planungsprozesses vorauszusetzen. Usw.

Im Unterschied zur Entstehungszeit des Action-Research-Ansatzes und der frühen Organisationsentwicklung haben Organisationen heute ihre Verfasstheit professionalisiert, sie haben eine Fülle von Funktionen, Systemen, Prozessen, Management Approaches ausdifferenziert, die alle Spezialwissen ausgebildet haben (Krizanits 2011, S. 187 ff.). Natürlich muss die Beraterin über dieses

---

[11] In der Organisationsberatung gibt es eine Debatte zur Frage Fach- oder Expertenberatung, die auch zum Ansatz der Komplementärberatung geführt hat (Königswieser, Lang u. Wimmer 2009). – Strauss und Corbin (1996) weisen darauf hin, dass wichtige Beiträge zur theoretischen Sensibilität berufliche Erfahrung und fachliche Vorkenntnisse sind. Fachwissen gehört neben Methodenwissen zu den wesentlichen Prämissen für »Deutungsakte«.

Fachwissen verfügen – und das ist ja heute dank Wikipedia und White Papers nicht mehr so schwer.

Organisationsberater müssen heute weniger und mehr wissen als der klassische Fachberater. Sie brauchen *weniger* fachliche Tiefe und Spezialisierung, müssen aber das Fachgebiet überblicken und die Kernbegriffe kennen. Sie müssen *mehr* wissen, weil sie die Auswirkung eines Fachthemas auf das organisationale Gefüge erfassen wollen. Wenn es z. B. um die Einführung eines integrierten Produktionssystems geht, gilt es, seine Elemente zu kennen und einzuschätzen, welchen Unterschied das System zu bisherigen Produktionsabläufen, Qualifizierungen, Anreizsystemen, Führungsverständnissen usw. macht; nur so können sie – nach einer Diagnose – absehen, wie groß der Change-Impact sein wird.

Sicher benötigen aber alle Organisationsberater Fachwissen über Aufbau- und Ablaufstrukturen, über Organisationskultur, Führung, Strategiearbeit, über Funktionen und Systeme usw. Man kann sich an Organisationsmodellen unterschiedlicher Flughöhe und Komplexität orientieren – vom 7-S-Modell über das St. Galler Managementmodell bis zur Organisationstheorie Niklas Luhmanns. Letztere ist besonders hilfreich, da sie die systemischen Methoden mit nützlichen Beobachtungsfokussen und Erklärungen rahmt. Auf jeden Fall soll man aber selbst auf theoretische Positionen referenzieren, die von einer Scientific Community für gültig befunden werden – und nicht im freien Fall beraten; sonst riskiert man »Einfältigkeit« (siehe S. 28).

Die Erfahrungsverarbeitung der Berater als eigentliche Datenbasis

Situationen sozialen Handelns sind vielschichtig, es laufen gleichzeitig viele, oft unzusammenhängende Handlungen ab. Und so erfassen wir soziale Kontexte auch: Wir sind über unsere Spiegelneuronen gleichzeitig affektiv mit unserem Gegenüber verbunden, wir hören, prozessieren Mitteilungen und Inhalte und geben Antworten, unser Körper nimmt die vielen nonverbalen Prozesse wahr, unser Erfahrungsgedächtnis füttert uns mit Szenarien, ob dies gerade eine Situation ist, die wir mögen oder der wir lieber entfliehen möchten, unser Fachwissen flüstert uns Expertise ein usw.

3 Kernmethoden systemischer Organisationsberatung

Besonders deutlich wird das im Gruppeninterview. Hier zeigen sich die Grenzen klassischer Methoden qualitativer Sozialforschung, die mit transkribierten Texten arbeiten. Wie wollen Sie das in einen Text bringen, wenn gleichzeitig Person A im Blackberry herumstochert, B die Stirn runzelt, C sich zurücklehnt, D losprudelt, Ihnen selbst der Stift auf den Boden fällt ... Was immer da letztlich Eingang in den Text findet, kann die Simultaneität der Handlungen nicht abbilden – auch nicht über Prozessinformationen im Transkript. Buchstaben kann man nur hintereinander schreiben, Text ist nur sequenziell zu erstellen und zu rezipieren.

Die Datenbasis in der systemischen Organisationsberatung besteht im Grunde nicht aus den Beschreibungen 1. Ordnung des Systems, sondern aus den Wahrnehmungen und Erfahrungen der Beraterinnen im komplexen Beratungssystem. Das Unterfangen, valide Beschreibungen 2. Ordnung eines Systems anzufertigen, beginnt daher damit, die Prozesse der Erfahrungsverarbeitung der Berater, soweit es möglich ist, als unabhängige Variable zu kontrollieren und methodisch anzuleiten.

Diese methodischen Leitlinien für die Erfahrungsverarbeitung des Beobachters 2. Ordnung werden im folgenden Abschnitt vorgestellt.

Haltung, Sehe-Punkte und Prämissen systemischer Organisationsberatung

Haltung, Sehe-Punkte und Prämissen sind, logisch gesehen, so etwas wie Beobachtungen 3. Ordnung, mit denen sich Berater beim Anfertigen von Beobachtungen 2. Ordnung (über das System) selbst beobachten sollten. Sie funktionieren als methodische Anleitung bei allen Schritten entlang der systemischen Schleife: beim Beobachten, Interpretieren, Entwickeln und Auswählen von Interventionen. Sie helfen, die Selbstreferenzialität und Rekursivität des eigenen psychischen Apparats so weit wie möglich zu überlisten und tragen im Prinzip zu einer reliablen und validen Untersuchung bei.

Haltung, Sehe-Punkte und Prämissen

Systemische Einstellungen und systemische Haltung

Bestimmte Einstellungen und Haltungen stärken erstens die Wahrnehmungs*fähigkeit* von Beratern und fördern zweitens Vertrauen und Kooperation zwischen Klienten und Beratern; sie gehören deshalb zum professionellen Rüstzeug der systemischen Organisationsberatung. Die meisten wurden erstmals von der Mailänder Gruppe der Familientherapie genannt und dann von den Heidelberger Familientherapeuten weiter geschärft. Hier eine Zusammenfassung:[12]

- Wertschätzung von Systemen, dessen, was ist, und der Leistungen, die dazu geführt haben
- Zuversicht, Optimismus, Glaube an die Selbstorganisation des Systems
- allseits gerichtete Parteilichkeit oder Allparteilichkeit bzw. Neutralität in der Beziehungsgestaltung sowie gegenüber Problemlösungszugängen und Arten der Wirklichkeitskonstruktion
- eine gute Balance von Nähe und Distanz dafür, sich einerseits an das System anzukoppeln, andererseits eine wirksame Außenperspektive aufrechtzuerhalten
- die Haltung einer helfenden Beziehung: Empathie und Präsenz »mit Herz, Hirn und Bauch« gegenüber dem System und seinen handelnden Personen (so wird man als Beraterin menschlich greifbar und vertrauenswürdig und kann selbst Informationen aufnehmen)
- Unabhängigkeit im Denken und eine gewisse Respektlosigkeit gegenüber geltenden Normen, Denkmodellen und Hierarchien
- die nachhaltige Stärkung des Systems statt kurzfristiger Effekte bzw. der Optimierung bezüglich Einzelinteressen
- Neugierde, Forscher- und Erkenntnisdrang, der Wunsch, zu beobachten, zu verstehen, ohne selbst prägen und Richtung geben zu wollen
- die Fähigkeit, Unwissen, Widersprüche und Ambivalenzen auszuhalten
- eine gewisse Demut, der Verzicht auf Allmachtsfantasien

---

12 Diese Auflistung ist Ergebnis einer Befragung bei erfahrenen Beratern und Pionieren im Feld der systemischen Organisationsberatung (Krizanits 2009, S. 70 f.).

- ein reflektierter Umgang mit eigenen Emotionen und Konflikten, eine liebevolle und wohlwollende Einstellung zu sich selbst
- Vertrauen und eine gewisse Gelassenheit, ein Schuss Humor – aber keine Ironie, kein doppelter Boden.

Vom Sehe-Punkt und von Stehe-Punkten
Die Heuristik kennt den Begriff des »Sehe-Punktes«, den Leibniz einführte (»Heuristik«, Wikipedia [siehe Lit.]); es ist der Punkt, von dem aus wir wahrnehmen, wenn wir unsere Wirklichkeit konstruieren. Der Sehe-Punkt ist immer auch ein Stehe-Punkt: »Ver-*stehen*, das heißt im Wortsinn, den Standpunkt und damit die Perspektive zu verändern« (Baumfeld, Hummelbrunner u. Lukesch 2009, S. 36); Sehe-Punkte in Organisationen definieren *Perspektiven*, d. h. strukturell bedingte Sichtweisen, die einen spezifischen Ausschnitt eines Systems betreffen. Ein Gütekriterium für das Anfertigen von Beobachtungen 2. Ordnung ist es, die Sehe-Punkte, die *Relevanzen*, des beobachteten Systems aufzuspüren und von dort seine sozialen Bedeutungsgebungen (Beschreibungen 1. Ordnung) zu rekonstruieren.

Aber wie findet der Berater diese Sehe-Punkte? – Was sind die relevanten Perspektiven eines Systems, die Scheinwerfer, mit denen man ein System ausleuchten kann?

- Es sind einmal die Perspektiven der relevanten Umwelten, d. h. aller Rollen, Funktionen, Parteien, die Interessenlagen haben und zum Wirkungsgefüge beitragen bzw. von ihm betroffen sind. Um sie zu bestimmen, fertigt man mit dem Klienten z. B. ein System-Umwelt-Diagramm an, in dessen Mitte das Problem bzw. das Beratungsanliegen steht.
- Es sind die Entwicklungen eines Systems in Vergangenheit, Gegenwart und Zukunft: Die zeitliche Dimension legt den Entwicklungspfad des Systems frei und schärft den spezifischen Kontext.
- Es sind die Perspektiven von Problem und Lösung.

Die systemischen Prämissen
Während die systemischen Einstellungen und Haltungen die Fähigkeit von Beratern zur Wahrnehmung stärken und gezielte

Haltung, Sehe-Punkte und Prämissen

Multiperspektivität die Relevanzen des Systems aufspürt, geht es bei den systemischen Prämissen um *Prinzipien*, nach denen Berater ihre *Aufmerksamkeit lenken*. Hier eine kurze Zusammenfassung und Ergänzung der von Schweitzer und von Schlippe formulierten systemischen Prämissen (von Schlippe u. Schweitzer 2000):

- Den Fokus legen auf Interaktionen, auf Handlungen und Anschlusshandlungen zwischen Personen; Verhaltensweisen nicht auf vermeintliche Eigenschaften von Personen zurückführen; Charakter, Motive, Innenleben lassen sich nicht beobachten.
- Die eigene Aufmerksamkeit auf Handlungs- und Lösungsorientierung lenken, statt in die Problemtrance zu fallen; nur so viel wie nötig, aber so wenig wie möglich vom Problem ergründen.
- Auf Ressourcen achten, auf die Gegebenheiten, die Dinge möglich machen, statt sich von Defiziten und Mängeln faszinieren zu lassen.
- Die Zweckmäßigkeit der Verhältnisse ergründen, statt nur die Dysfunktionalitäten in den Blick zu nehmen.
- Primat des Kontextes: anstelle von Verallgemeinerungen und Stereotypen die Funktionalität von Handlungsmustern für bestimmte Kontexte sehen; für einen gegebenen Kontext Vieldeutigkeit und viele Optionen herstellen.
- Auf Wirkungen, Wechselwirkungen, Wirkungsketten achten statt auf Ursache-Wirkungs-Zusammenhänge. Es geht darum, ein komplexes, sich immer wieder veränderndes Wirkungsgefüge kennenzulernen; nicht darum, den Einfluss einer Variable festzustellen.
- Das Mobile-Prinzip, d. h. das Verständnis, dass jede Art von Intervention im ganzen System Wellen schlagen kann; umgekehrt bilden sich viele typische Muster des Gesamtsystems quasi fraktal in kleineren Interaktionssequenzen ab.
- Das Prinzip der Multiperspektivität: die gezielte Erkundung der Relevanzen und Sehe-Punkte des Systems, d. h. strukturell bedingter System- und Umweltperspektiven sowie der Perspektiven von Vergangenheit und Zukunft, Problem und Lösung, Gelungenem und Missglücktem usw.
- Das bewusste Oszillieren zwischen Pol und Gegenpol; das Gute im Schlechten, das Schlechte im Guten sehen.

- Generell auf die Seite des Unwissens bzw. Wenigwissens gehen, so entstehen Unbefangenheit und Neugierde.

Die systemischen Einstellungen und Haltungen sind das Peilgerät, der Kompass, mit dessen Hilfe Berater sich auf fremdem Gebiet bewegen und orientieren. Sie dienen der professionellen Verortung beim Beobachten, Bilden von Hypothesen und Ableiten von Interventionen. Die hohe Kunst der Wahrnehmung ist es, wenn der Beobachter selbst zum Beobachter 2. Ordnung der eigenen Beobachtungen wird, wenn er erkennt, worauf er mit Präferenz achtet, um dann die eigenen Beobachtungskriterien zu erweitern.

Mit dem Spiegelrohr beobachtet – Die systemischen Fragen

Die systemischen Fragen führen die Befragten auf die Ebene der Beobachtung des Geschehens und der Reflexion von sozialen Relationen und Deutungen. Sie führen somit zum Kern gestaltender Sozialforschung (siehe S. 115): zur Wahrnehmung von Handlungs- und Deutungsmustern und zum »Auftauen« von Deutungsmustern.

Durch die systemischen Fragen bekommen die Berater genau die Informationen, die sie zum Anfertigen ihrer Beschreibungen 2. Ordnung benötigen.

Damit Reflexion stattfinden kann, verlaufen die Gespräche in einem Modus der Verlangsamung; gute Fragen führen zu einer Denkpause, erst dann zu einer Antwort. Das ist auch für Berater praktisch, weil sie Zeit zum Mitschreiben haben. Natürlich kann man nicht die ganze Fragebatterie auf einen Gesprächspartner loslassen, sondern wird hilfreiche Fragen auswählen.

Im Folgenden werden die systemischen Fragen gruppiert in explorierende Fragen, Fragen nach bedeutungsvollen Ereignissen und Erfahrungen im System, zirkuläre Fragen, Skalierungsfragen, Fragen nach Analogien und lösungsorientierte Fragen.

Die explorierenden Fragen

Die explorierenden Fragen sind W-Fragen: Was wer wann wie wo? die einladen, einen Kontext zu beschreiben. Sie führen den

Befragten auf die erste Stufe der Abstraktionsleiter der »Aufzeichnung durch ein Aufnahmegerät«: »Wer hat da teilgenommen? Wie ist das vor sich gegangen? Wo und wann ist das passiert?«

Die Frage »Warum …?« eignet sich weniger gut, weil sie den Befragten gleich einlädt, in eine schließende Erklärung bzw. Beurteilung zu gehen; geeigneter sind öffnende Fragen nach Begründungen wie z. B.: »Wie erklären Sie sich das? Was halten Sie davon? Was ist Ihnen da besonders wichtig?« So können die Befragten von einer Ebene der Bewertung, die häufig nach einer Warum-Frage ins Spiel kommt, hinabsteigen auf eine Ebene, wo sie sich die ihren Deutungen zugrunde liegenden Fakten vergegenwärtigen.

Fragen nach bedeutungsvollen Ereignissen und Erfahrungen im System

Fragen, die bedeutungsvolle Ereignisse und Erfahrungen im System erkunden, gehen in medias res der Prozesse sozialer Bedeutungsgebung. Denn diese Critical Incidents interpunktieren den Strom der Ereignisse und liefern Kommunikationsanschlüsse. Wenn man sie kennt, kann man die Bedeutungsgebungen aus verschiedenen Systemperspektiven gezielt vergleichen.

- Was waren die maßgeblichen Ereignisse, die aus Ihrer Sicht im letzten Jahr den Lauf der Entwicklungen beeinflusst haben? Welche Bedeutung haben sie?
- Was waren die wichtigsten Entscheidungen, die schwierigsten Entscheidungen …? Die, die leicht zu treffen waren? Was hat es schwierig/leicht gemacht, diese Entscheidungen zu treffen?
- Wie hat sich das verändert? Was hat das für Folgen ausgelöst? Wie wird das Ihrer Meinung nach weiter verlaufen?
- Was läuft hier immer gleich? Wann gab es Ausnahmen? Was müsste passieren, damit …?
- Was hat Sie überrascht? Womit hätten Sie nicht gerechnet? Was hat Sie bestätigt …?

Die zirkulären Fragen

Wenn wir in der Metapher der ethnologischen Feldforschung bleiben, entsprechen die von der Mailänder Familientherapie entwickelten zirkulären Fragen (Simon u. Rech-Simon 1999) dem

Spiegelrohr der Ethnologen, mit dem diese um die Ecke blicken konnten. So konnten sie den Stammesrat am Lagerfeuer beobachten, ohne dass er es merkte; die Ethnologen saßen nämlich mit dem Rücken oder seitlich abgewandt zu ihnen – als würden sie sich miteinander beschäftigen – und blickten in ihre schwarzen Orakelröhren.

Der Begriff »zirkuläres Fragen« meint im engen Sinn »im Kreis fragen«, also z. B. statt: »Wie geht es dir?«, zu fragen: »Was würde deine Freundin sagen, wie es dir geht?« Zirkuläre Fragen laden die Befragten zum Perspektivenwechsel ein, z. B.: »Wenn ich die Mitarbeiter fragen würde, was würden sie mir sagen?« Oder: »Angenommen, es ist auf den Tag heute in zwei Jahren: Was hat sich aus Ihrer Sicht verändert? Wie ist das genau vor sich gegangen?«

Der Perspektivenwechsel überrascht die Befragten; er löst neue Wahrnehmungen und Reflexion aus. Zirkuläre Fragen sind für Berater praktisch, wenn sie nur wenige Interviews führen können und so auch Informationen über nicht direkt befragte relevante Umwelten bekommen.

Will man stärkere Interventionen setzen, die bestehende Deutungsmuster bewusst irritieren, kann man mehrere Perspektiven zirkulär zusammenfügen. Statt den Verkauf zu fragen: »Warum ist der Absatz zurückgegangen?«, fragt man z. B.: »Was würden Ihre Mitbewerber sagen, was geschehen muss, damit Ihre Kunden heute in einem Jahr 20 % mehr von Ihren Produkten gekauft haben werden?« Am Ende dieser Frage hat der Befragte wahrscheinlich den Faden zu seinen eingeübten allgemeinen Überzeugungen bezüglich des unfähigen Chefs verloren und wird versuchen, sich ein neues Bild zu konstruieren. Zirkuläre Fragen bringen also auch die Befragten indirekt in die Position eines Er-Forschers – des Systems und seiner eigenen Konstruktionen.

Skalierungsfragen

Skalierungsfragen zäumen das Pferd von hinten auf: Sie führen den Befragten nicht auf die Beschreibungsebene, sondern auf die Bewertungsebene hoch oben auf der Leiter, und zwar mit der Einladung: »Auf einer Skala von 0 bis 10 ... Wie schwerwiegend ist das Problem für Sie?« Die Frage kann noch einmal zirkulär ge-

Die systemischen Fragen

stellt werden: »Wenn ich dem Verkaufsleiter dieselbe Frage stellen würde, wie würde er das bewerten?«

Es gibt verschiedene Möglichkeiten, die Frage weiterzuspinnen; z. B.: »Was wäre für Sie eine Belastung, mit der Sie gut leben könnten – welche Note wäre das?« Um dann weiterzufragen: »Was könnte ein erster guter Schritt dafür sein, von ... in Richtung ... zu kommen? Was würde da genau passieren? Wer könnte ...?« Oder man könnte fragen: »Was war der höchste Wert, den das Problem schon einmal erreicht hatte? Was war da anders? Was ist geschehen, dass es heute weniger ist?« Oder umgekehrt: »Wann war das Problem schon mal kleiner? Wie klein? Wann hat ...?« Oder: »Wenn ich den Verkaufsleiter fragen würde, wie schlimm das Problem im ärgsten aller Fälle werden kann, welche Note würde er geben? Was würde er sagen, was dazu passieren müsste, dass es so schlimm wird?« Oder: »Wer würde hier eine völlig andere Note vergeben? Was würde er mir anders schildern?«

Durch das Nachfragen wird die Bewertung mit Beobachtungen und Beschreibungen kontextualisiert; außerdem wird quasi unterstellt, dass alles eine Frage der Bewertung aus verschiedenen Perspektiven und zu verschiedenen Zeitpunkten ist. So machen Skalierungsfragen die Kontingenz von Deutungen erfahrbar und laden zur Dekonstruktion ein.

Fragen nach Analogien
Fragen nach Analogien sind Fragen nach Metaphern, die die Situation bildlich zusammenfassen. »Bitte nennen Sie mir ein Bild/eine Metapher, das/die für Sie die Situation treffend auf den Punkt bringt.« Manchmal braucht es eine weitere, stützende Anleitung: »Eine Metapher, das kann ein Buchtitel, ein Film, ein Märchen, ein Motto, irgendein Gegenstand oder eine Szene sein, die Ihre Situation hier gut auf den Punkt bringt.«

Metaphern bilden die Gestalt eines Problems ab, sie adressieren unmittelbar unser Erfahrungsgedächtnis und sind deshalb schnell und leicht decodierbar. Meist wird gleich eine Szene beschrieben; wenn nicht, muss man nachfragen. Ein Beispiel: »Wir sind als Team wie eine Fußballmannschaft, wo alle nur Tore schießen wollen und keiner den Libero macht, der Schiedsrichter unterhält sich mit den Hinterbänklern.« Man fragt dann in die Metapher hinein z. B.: »Wo sind Sie in dem Bild?«, sollte das aber nicht zerreden.

Fragen nach Lösungen
Aus der Kurztherapie von Steve de Shazer und Insoo Kim Berg stammen die lösungsfokussierenden Fragen, insbesondere die »Gute-Fee-Frage«. Ihre Wirkung besteht darin, dass sie das System aus der Problemtrance hinausführen und mit der Idee überraschen bzw. irritieren, dass es auch eine Welt ohne Problem geben könnte.

Man kann z. B. nach Lösungsideen und erfolgreichen Lösungsversuchen fragen: »Sie haben da doch sicher schon einiges unternommen? Was ist denn gut geglückt? Wo sind Sie gut unterwegs ...?«

Ein anderer Fragetyp fragt nach dem Nutzen des Problems: »Wenn jetzt das Problem gelöst wäre, wer würde es dann vermissen?« Diese Frage stellt auf die Paradoxie ab, dass im Problem immer schon ein Lösungsentwurf des Systems ist bzw. dass ein Problem für manche Dinge eine Lösung ist bzw. dass manche Lösung zum Problem wird. Sie macht bewusst, dass durch Ausgrenzung des Problems nicht viel gewonnen sein würde, weil es durch die Hintertür wieder hereinkäme.[13]

Lösungsfokussierende Fragen machen Mut, weil sie vom Gelingen ausgehen und nicht von den Schwierigkeiten: »Stellen Sie sich vor, es ist heute in zwei Jahren. Das Problem ist gelöst, alle sind zufrieden. Was ist passiert? Auf welche Stärken haben Sie da zurückgegriffen?«

Die stärkste Wirkung hat sicher die Gute-Fee-Frage, die aber nicht in der Kleinteiligkeit prozessiert wird, wie Steve de Shazer sie eigentlich für therapeutische Interventionen konzipiert hatte:

---

13 Dazu ein Beispiel: In einem Produktionsunternehmen führt man eine strenge Prozessorganisation ein, um die vielen Feuerwehraktionen abzubauen, die das System jede Woche heiß laufen lassen. Im Projekt geht daraufhin nichts weiter; niemand will dieses herzblutleere Prozessmanagement-System. In der Krise fünf Jahre zuvor hatte man durch den Schulterschluss aller den Turnaround geschafft und ist nun unter den Weltmarktführern. Das muss man ab und zu wieder spüren, deshalb mag niemand auf Feuerwehraktionen und Schulterschluss verzichten.

»Stellen Sie sich vor, Sie wachen morgen früh auf, und das Problem ist weg. In der Nacht ist eine gute Fee gekommen und hat es gestohlen. Wer würde das zuerst merken? Was würde für ihn oder sie anders sein?«

Gute Hypothesen bilden

Was sind gute Hypothesen? Wozu braucht man sie? Und wie macht man sie? Diese Fragen behandelt der folgende Abschnitt.

Wozu Hypothesen?

Kern des Action-Research-Ansatzes ist »die gezielte Erforschung der Bedingungen und Auswirkungen der Handlungsmuster in einem sozialen System« – d. h. die Bildung von Theorie über die gelebte Praxis – und darauffolgend »die gezielte Suche nach Handlungsoptionen für das System« – d. h. eine theoriebasierte Praxisgestaltung. Hier liegt der Unterschied zum Handeln auf der Basis von Alltagstheorien. Im Alltag handeln wir aufgrund von schnellen Bewertungen, die auf wenigen, selektiven Informationen aufsetzen, und halten uns an das Trial-and-Error Prinzip: Wenn unsere erste Handlung nicht in kritische Widersprüche führt, wenn sie nur halbwegs hinreicht, bleiben wir dabei.

Das Hypothesenbilden – die Theoriearbeit – ist die zentrale Methode der systemischen Beratung; sie wurde erst Jahrzehnte nach Lewins Tod von den Mailänder Familientherapeuten (Selvini Palazzoli et al. 1977, 1981) erfunden.

Der Begriff der Hypothese ist irreführend. Im wissenschaftlichen Sprachgebrauch verweist er auf das Paradigma der überprüfenden, experimentellen Forschung.[14] Warum verwendet die sys-

---

14 Der Forscher geht von einem kausalen Zusammenhang zwischen einer Ursache und einem Ergebnis aus und stellt eine »Nullhypothese« auf, die diesen Zusammenhang verneint. Er konstruiert dann ein passendes Experiment, in dem die Nullhypothese mit einem statistischen Wahrscheinlichkeitsgrad widerlegt, d. h. »falsifiziert« wird. Über dieses Ausschlussverfahren kann er dann auf einen Zusammenhang zwischen unabhängiger und abhängiger Variable schließen. Wie im letzten Kapitel ausgeführt, ist qualitative Sozialforschung ihrem Wesen nach nicht überprüfend, sondern entdeckend, d. h., Erkenntnis entsteht durch die Interpretationsverfahren im Forschungsprozess.

temische Organisationsberatung den Begriff der Hypothese? – Er stammt aus einer frühen Generation der Systemtheorie, die den Konstruktivismus noch nicht integriert hatte und das klassische Wissenschaftsparadigma noch mitführte. Es wäre eigentlich passender, die Begriffe »Thesen« oder »Annahmen« in der Beratung zu verwenden.

Im systemischen Sprachgebrauch sind Hypothesen Beobachtungen 2. Ordnung, es sind Interpretationen der Handlungsmuster in einem sozialen System, die seine charakteristischen Funktions- und Sinnzusammenhänge in einem gegebenen Kontext erfassen wollen.

»Systemische Hypothesen beschreiben Beziehungsdynamiken, Prozesse, verweisen auf Kontexte, sind ressourcen- und lösungsorientiert, wirken oft unkonventionell. Sie versuchen, den verborgenen Sinn von Problemen zu erfassen. Sie haben eine erklärende Kraft« (Königswieser u. Hillebrand 2004, S. 49).

Hypothesen können unterschiedlich konkret und beschreibend oder allgemein und abstrakt sein – vom reinen Benennen eines Musters, z. B. »Alle Interviewpartner liefern schnell umfassende und detaillierte Antworten« bis zur generalisierenden Interpretation, z. B. »Die Führungskräfte sind hoch identifiziert mit dem Leitbild«. Sie können einen Kontext adressieren, z. B. »Der bevorstehende Technologiewechsel bedeutet für die Mitarbeiter zwei Jahre Höchstbelastung« oder ein Funktionsmuster, z. B. »Die Mitarbeiter fühlen sich einer Kultur des Expertentums verbunden; sie wollen Probleme gründlich, genau und bestmöglich lösen«. Sie können Auswirkungen auf ein bestimmtes Handlungsanliegen oder einen Entscheidungskontext ansprechen, z. B. »Durch die hohe Dauerbelastung geht alle Aufmerksamkeit in die Bewältigung der eigenen dringenden Aufgaben; die Mitarbeiter verlieren das Leitbild und den Gesamtzusammenhang aus den Augen«.

Hypothesen haben eine Grauzone zur Beobachtung und Informationsgenerierung einerseits und zur Handlungsempfehlung (Intervention) andererseits und sie oszillieren zwischen Problem- und Lösungsfokus.

Gute Hypothesen bilden

Was sind gute Hypothesen?
Während im klassischen überprüfenden Forschungsparadigma die Güte *einer* Hypothese daran gemessen wird, ob sie *einen richtigen* Ursache-Wirkungs-Zusammenhang aufstellt, geht es in der systemischen Organisationsberatung um *vielfältige* Beschreibungen 2. Ordnung, die im System *nützliche Wirkungen* entfalten sollen. Güte misst sich an »Viabilität«, an »lebbaren« Thesen, die für die Erfahrungsverarbeitung in der Alltagspraxis des Systems taugen und seine Möglichkeitsräume erweitern.

Deshalb sind Hypothesen immer Wirkungen auf der Spur; Ursachen interessieren wenig. Es geht ja um pfadabhängige Interaktionssysteme, die, rekursiv auf sich selbst zurückwirkend, ihre inneren Zustände immer wieder verändern, sodass gar keine eindeutigen, stabilen Ursache-Wirkungs-Ketten aufrechterhalten werden können, sondern man angesichts der Rekursivität im Endeffekt nicht einmal zwischen Input und Output unterscheiden kann. Matthias Varga von Kibéd spricht zudem von »kurativen« Hypothesen, die zu hilfreichen Interventionen führen, ohne dass man sie auf eine Problemursache beziehen kann. Sein Beispiel: Wenn eine Person Kopfweh hat, Aspirin nimmt und das Kopfweh verschwindet, heißt das nicht, dass sie vorher unter Aspirinmangel litt.

In guten Hypothesen lassen sich die methodischen Vorgehensweisen der Berater – Haltung, Sehe-Punkte des Systems und systemische Prämissen – erkennen. Schlechte Hypothesen dagegen vergleichen die manifesten Handlungsmuster des Systems mit den eigenen, impliziten Kriterien, wie hier »eigentlich zu handeln wäre«. Ein solcher unvermeidbarer Anfängerfehler sind z. B. »Hypothesen« wie »Die haben keine Ziele«, »In dem Unternehmen gibt es keine Strategie«, »Die Führung ist schwach«. Man sieht diesen Aussagen an, dass die Berater ganz oben auf ihrer Abstraktionsleiter stehen und das System durch die Brille ihrer eigenen Annahmen über die Welt bewerten.

Gute Hypothesen führen das System dahin, sich in den beschriebenen Funktionsmustern wiederzuerkennen, neue, innovative Verbindungen und Zusammenhänge zu erkennen und in den eigenen Deutungsmustern verstört zu werden. Das entspricht dem Drittelcocktail von Steve de Shazer für wirksame Hypothesen: ein

Drittel Bekanntes, ein Drittel Neues, ein Drittel Irritierendes. – Gute Hypothesen erfüllen die Gütekriterien der qualitativen Sozialforschung (siehe S. 118 ff.).

Wie macht man gute Hypothesen?

Alle Sinnzusammenhänge, die plausibel oder interessant erscheinen, neugierig machen, werden zu Thesen ausformuliert. Das geschieht im Brainstormingmodus; nach einer ersten produktiven Phase folgt meist eine Pause, bevor eine zweite produktive Welle folgt. Idealerweise bildet man Hypothesen im Team; de facto arbeiten Beraterinnen meist allein. Es gibt »Triggerfragen«, mit denen man in Gang kommt, Fragen, die die Hypothesenbildung stimulieren:

- Welcher Film bzw. was läuft in diesem System?
- Was sind die besonderen Bedingungen und Gegebenheiten dort?
- Wie beschreibt sich das System selbst? Was stellen die Personen voran? Welche Unterscheidungen treffen sie? Welche Veränderungen werden hervorgehoben?
- Was sind die roten Fäden, Bilder, Worte, Aussagen, Kontexte, die wiederholt vorkommen?
- Was sind die Unterschiede in den Aussagen zwischen den Perspektiven?
- Wozu kommen kaum oder keine Antworten? Welche Geschichten werden aktiv zugetragen?
- Was sind typische Muster dort, regelhafte Ereignisketten?
- Worauf sind die Leute da stolz? Wo kommt Energie auf, wo geht sie hin?
- Was hat mich überrascht? Welche auffälligen Ereignisse gab es während des Aufenthalts vor Ort?

Abb. 6: Triggerfragen für die Hypothesenbildung

Hypothesenbildung ist Erkenntnis- und Theoriebildung bezüglich einer komplexen Materie und verläuft naturgemäß in *Schleifenform*.

Den ersten Durchgang benötigt man, um unstrukturiert Hypothesen zusammenzutragen. Beim zweiten Durchgang bemerkt man erste Vernetzungen, Redundanzen, Schwerpunkte, Widersprüche. Erst mit dem dritten, vierten, fünften Durchgang emergiert die Struktur: Themenkomplexe und Bezüge konturieren sich, man kann Verbindungen zum Fachwissen herstellen.

Gute Hypothesen bilden

In aller Regel ergibt sich das mehrmalige Durchlaufen organisch aus dem Arbeitsprozess, indem man erst Hypothesen bildet und sie dann für die Rückspiegelung zu einer Diagnoseschrift aufbereitet. Dieser schleifenförmige Prozess ist notwendig dafür, die Fülle von Daten und die hohe Komplexität zu verarbeiten, die sich bis dahin angesammelt haben: Mitschriften aus sechs bis zehn Interviews, die je nach Protokolliergewohnheit des Beraters zwischen 20 und 100 Seiten Notizen umfassen, vom Kunden zur Verfügung gestellte Unterlagen, »harte Daten« in Form von Jahresberichten, Artikeln, Statistiken – sowie die viel größere Fülle nicht explizierter Informationen, die in unserem Erfahrungsgedächtnis abgelegt sind.

Mit jedem Durchlaufen von Zusammenhängen durchdringt man das Wirkungsgefüge besser. Wenn man etliche Schleifen hinter sich und Vernetzungen und Gehalt aufgenommen hat, kann das Gehirn wirklich neue Verbindungen herstellen. Dann kann es zu Geistesblitzen und »genialen« Hypothesen kommen; dazu braucht es auch eine gewisse »Verbissenheit« in die Materie, eine kreative Anspannung, ein Nicht-loslassen-Wollen. Oft hat man das Gefühl einer »Ahnung«, als läge einem etwas auf der Zunge ... Diese Befindlichkeiten weisen auf ein voll funktionierendes Erfahrungsgedächtnis hin; man kann es mit Bildern, Metaphern und Redewendungen noch weiter »anfüttern«. Wichtig ist es, im Flow zu bleiben, sich von den eigenen positiven Affekten leiten zu lassen, sich innerlich bewusst in die systemischen Haltungen und Einstellungen zu begeben. – Sabotieren kann man die eigene Kreativität hingegen, wenn man zu strukturiert, »effizient«, gleich »systematisch« sequenziell vorgehen will oder vor dem Horror Vacui der leeren Powerpoint-Seite in die Knie geht.

John Van Maanen sieht ethnologische Feldforscher, die »in einer Mischung von Kunst und Wissenschaft« Kultur interpretieren, als »›obsessive professionals‹ im Gewerbe der sozialen Sinnrekonstruktion und -übersetzung« (Van Maanen 1988, p. ix). Auch Vertreter der qualitativen Sozialforschung referenzieren auf Kunst und auf die starke Motivation, etwas verstehen zu wollen, wenn sie erklären, wie man eine gute Theorie macht. Strauss und Corbin etwa plädieren für ein »Gleichgewicht zwischen Kreativität und Wissenschaft« mit dem Ziel, eine konzeptuell »dichte, eng geflochtene, erklärungsreiche Theorie zu generieren« (1996, p. 39); und Bude (2005, S. 571) betont:

> »Das Moment der Kunst kommt also durch die Nichtmethodisierbarkeit einer forscherischen Haltung [...] in die Wissenschaft [...]. Der Wille zum Wissen (Foucault) ist deshalb die Bedingung auch und gerade der wissenschaftlichen Wirklichkeitserforschung«.

Er zitiert Peirce (S. 571 f.), für den die Bildung einer Hypothese »der Augenblick des Entwurfs einer Welt« ist. Sie beruht auf dem »abduktiven Schluss«, der »kommt wie ein Blitz. Es ist ein Akt der Einsicht.«

4 Von der Anfrage zur Diagnose – Die Action-Survey-Schleife

⌈Methodischer Kern des Beratungsprozesses ist die Action-Survey-Schleife.⌋ Dazu von Rosenstiehl (2005, S. 236):

»Vereinfacht lässt sich sagen, dass Organisationsentwicklung eine Anwendung der Aktionsforschung in Organisationen ist. Eine dort betriebene ›Tat-Forschung‹ (Lewin 1947) ist Kernstück nahezu aller heute betriebener Organisationsentwicklungsprozesse, und zwar im Sinne des auf Lewin zurückgehenden Survey-Feedback-Ansatzes.«

In diesem Kapitel werden die Schritte der Action-Survey-Schleife beschrieben: das Auftragsgespräch mit dem Klienten, die Planung und Durchführung der Datenerhebung, insbesondere das Führen qualitativer Interviews, die Auswertung und das Erstellen der Diagnoseschrift und schließlich der Rückspiegelungsworkshop.

Beratung als helfende Beziehung

Das Auftragsgespräch ist das Gespräch mit dem Klienten, nachdem er Kontakt mit den Beratern, aufgenommen hat. Die Kriterien und Methoden, nach denen das Gespräch geführt wird, sind genauso auf andere Gesprächskontexte im Beratungsprozess anzuwenden.

Was ist Prozessberatung?

Wenn sich Studenten schlaumachen wollen in Bezug auf den allerorts im Munde geführten Begriff der Prozessberatung, schlagen sie nach bei Schein, dem Begründer dieses Begriffs, der dazu ein gleichnamiges Buch (Schein 1969) geschrieben hat. Sie erwarten, dort Expertise hinsichtlich Design und Gestaltung von Beratungsprozessen zu finden, denn das ist heute die übliche Bedeutung des Begriffs als Gegenpol zur Fachberatung – und sie sind verwirrt.

Schein hat mit diesem Begriff ganz anders angesetzt: Er sah den Hebelpunkt für das Gelingen des Action-Research-Ansatzes in der methodischen Gestaltung der Beziehung zwischen Berater und Klient:

> »Prozessberatung ist der *Aufbau einer Beziehung* mit dem Klienten, die es diesem erlaubt, die in seinem internen und externen Umfeld auftretenden Prozessereignisse wahrzunehmen, zu verstehen und darauf zu reagieren, um die Situation, so wie er sie wahrnimmt, zu verbessern« (Schein 2000, S. 39; Hervorh.: J. K.).

Dabei geht es wesentlich um eine *helfende Beziehung*, gestaltet nach den Prämissen und Methoden der nondirektiven, klientenzentrierten Therapie von Carl Rogers.

In Erweiterung der Kernidee des Action-Research-Ansatzes hat Schein außerdem neue Formen beraterischer Begleitung von Systemen entwickelt. Er war viele Jahre teilnehmender Beobachter der Board-Meetings bei Digital Equipment; die heikle Aufgabe, dem Team und dem Vorstandsvorsitzenden Ken Olson Feedback zu geben, hat seine Sinne geschärft für die Mikroprozesse der Gestaltung der Arbeitsbeziehung zwischen Berater und Klient.

Helping – Die helfende Beziehung

Schein (2009) vertrat die Ansicht, dass »Helping« ein Kernprozess des Sozialen ist mit »universellen Psychodynamiken« – ganz gleich, ob es um Psychotherapie oder Tenniscoaching geht, um das Aufziehen von Kindern oder um Organisationsberatung. Nach Schein beginnt Beratung mit einer Initiative, Hilfe nachzufragen oder Hilfe anzubieten; der Aufbau der helfenden Beziehung folgt dann zwei universellen sozialen Prinzipien:

- Das erste Prinzip ist, dass jedwede Kommunikation zwischen zwei Parteien ein reziproker Prozess von Geben und Nehmen sein oder zumindest als fair und ausgeglichen erlebt werden sollte. Die Währung, die dabei getauscht wird, sind Ansehen und Wertschätzung.
- Das zweite Prinzip ist, dass Ausgleich und Fairness in sozialen Beziehungen nicht absolut definiert sind, sondern mit den Rollen und Kontexten variieren, in denen Menschen interagieren.

Diese definieren Statusunterschiede, d. h. Ansprüche auf Unterschiede im Wert und sozialen Ansehen (»face«). Anders gesagt: Die Beteiligten gehen mit einem eigenen Anspruch darauf, wie sie ihren Wert verstehen, in das Gespräch und erwarten, in diesem Anspruch bestätigt, als Person für wahr genommen und deren Wert geschätzt zu finden.

Unser Selbstwertgefühl beruht auf der ständigen Anerkennung, dass unsere Ansprüche, wie wir unseren Wert sehen, d. h. unser Selbstbild, akzeptiert und bestätigt werden. So sollte bereits der Akt des Sprechens beim Gegenüber einen Ausgleich in Form von dessen Paying Attention – Bezahlen mit Aufmerksamkeit – hervorrufen. Kommunikation, die die Regeln für Ausgleich und Fairness einhält, ist eine »Beziehungsinvestition«; sie bildet »soziales Kapital«, das die statusmäßig schwächere Seite einlösen kann, wenn sie z. B. die andere Seite um einen Gefallen bittet. Wenn B aber die Ansprüche auf Ansehen von A nicht erfüllt, wird sein Verhalten als peinlich, grob oder aggressiv empfunden; er bringt sich dadurch in eine asymmetrische One-up-Position, was einer Demütigung von A gleichkommt und letztlich zu Gesichtsverlust auf beiden Seiten führt. So entstehen Störungen wie Angst, Ärger, Spannungen, Beschämung, Schuldgefühle, wenn die Kommunikationsparteien die Situation und ihre wechselseitigen Rollen unterschiedlich einschätzen.

Metaziel jeder sozialen Interaktion ist beiderseitiger Ansehenszuwachs durch angemessenen, reziproken Austausch von Geben und Nehmen.

Vertrauen aufbauen

Je intimer die Dinge sind, die eine Partei im Austausch anbietet, desto höher ist ihr Anspruch bzw. Wunsch, in ihrem Wert bestätigt zu werden. Man kann die Güte einer Beziehung daran messen, wie viel Wertschätzung jemand implizit einfordern kann mit dem, was er über sich selbst preisgibt. So verstanden, ist Vertrauen einerseits die Sicherheit, Wertschätzung für das eigene Selbst zu bekommen, und andererseits die Gewissheit, dass die andere Person die preisgegebenen Informationen nicht zum Nachteil des Senders verwenden wird. – Wie baut man in der Beratung eine angemessene Vertrauensbeziehung auf?

Schein weist darauf hin, dass »Helping«-Situationen grundsätzlich Unausgewogenheit und Rollenambiguität aufweisen – vor allem in Kulturen, die einen hohen Wert auf Unabhängigkeit legen. Wer Hilfe sucht, bringt sich emotional und sozial in eine One-down-Position. Nachdem der Klient um Hilfe ersucht hat, nimmt er die Rolle eines passiven, abhängigen Beobachters ein und hebt den designierten Helfer in die aktive, die One-up-Rolle. Umgekehrt bringt es unmittelbar einen Zuwachs an Status und Macht mit sich, wenn man in die Rolle des Helfers gehoben wird. Damit ist eine Struktur ungleicher Machtverteilung angelegt, die aktiv zu einer symmetrischen Beziehung umgestaltet werden muss; ansonsten wäre eine Reihe möglicher »Fallen« für die Arbeitsbeziehung aufgestellt, in die sich Klient und Berater verstricken können.

Das Gespräch führen

Die Gesprächsführung ist – nicht nur im Auftragsgespräch – ein delikater Prozess. Keinesfalls kann man direkt beginnen, mit systemischen Fragetechniken ein Wirkungsgefüge zu explorieren. Das würde die Natur des Sozialen in menschlichen Interaktionsprozessen ignorieren und dem Gesprächspartner einen Gesichtsverlust zumuten.

Das Modell des Nachrichtenquadrats nach Schultz von Thun (2010) kann helfen, den Prozess der Gesprächsführung zu veranschaulichen (Abb. 7). Dieses häufig in Kommunikationstrainings eingesetzte Modell geht ja davon aus, dass jede Nachricht vier Aspekte transportiert: eine Kundgabe des Senders über seine Befindlichkeit, eine Kundgabe des Senders, wie er die Beziehung zwischen ihm und dem Empfänger der Nachricht sieht, den inhaltlichen Sinn der Nachricht und einen Appell bzw. Wunsch an den Empfänger, was dieser mit der Nachricht machen möge.

Nach Watzlawick wirkt die Beziehungsebene als Verstehensanweisung für Mitteilungen und Inhalte; sie ist das Nadelöhr, durch das die Vermittlung des Problemsystems eingefädelt werden muss. Deshalb muss vor der Behandlung des Problemsystems eine vertrauensvolle Beziehung aufgebaut werden – durch die Gesprächsführung des Beraters und den Vertrauensvorschuss des Klienten.

Dies geschieht, indem der Klient seine Ansprüche auf Wert und Ansehen einbringen kann, in seinen Anliegen, Bedürfnissen und Absichten sichtbar wird und so ein »Containment« entsteht, das eine kooperative Beziehung möglich macht.[15]

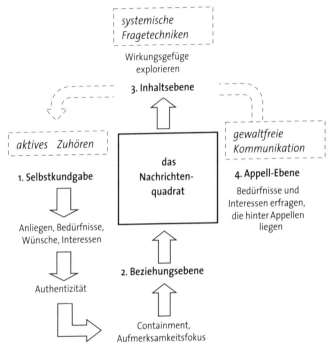

Abb. 7: *Methode und Tools der Gesprächsgestaltung (weiterbearbeitet nach Schultz von Thun 2010)*

---

15 Wenn die Personen mit ihren persönlichen Anliegen nicht greifbar werden, wird das Gespräch zum Schlagabtausch: Jeder munitioniert sich auf der Inhaltsebene für Appelle an die anderen auf, Kommunikation entgleist, z. B. in eskalierten Konflikten oder in hochkomplexen Situationen, wo sich jeder in einem anderen Teilbereich des Themas verfängt. Dann muss die Kommunikation auf den Modus der Selbstkundgabe zurückgeführt werden, z. B. nach der Methode der gewaltfreien Kommunikation (Rosenberg 2001), die die Wünsche, Bedürfnisse und Bitten hinter den Appellen freilegt.

Das aktive Zuhören
Der Psychotherapeut Carl Rogers hat mit der Methode des »aktiven Zuhörens« eine geniale Reziprozitätstechnik für menschliche Kommunikation erfunden:

1) Der Empfänger hört dem Sender mit Empathie zu und
2) achtet bei dessen Botschaften besonders auf den Aspekt der Selbstkundgabe.
3) Er fasst diese Selbstkundgabebotschaften in eigenen Worten zusammen und spiegelt sie zurück an den Sender.
4) Der Sender fühlt sich in seinen Bedürfnissen, Anliegen, Absichten verstanden, als Person wahrgenommen und wertgeschätzt.

Der erste Schritt führt in die Haltung der Empathie: sich für den anderen öffnen, sich in ihn einfühlen und dabei die eigenen Grenzen erhalten. Das ist der Unterschied zur »Sympathie«, bei der man mit dem anderen mitfühlt. Wenn kleine Kinder sich begegnen, eines weint und darauf das andere auch gleich das Gesicht verzieht, ist das Sympathie: Über den Mechanismus der Spiegelneuronen springt der Affekt vom einen auf das andere Kind über. Das soll in der Beratungssituation nicht passieren, sonst ginge ja jede Fähigkeit verloren, Beobachtungen 2. Ordnung anzufertigen. Die Spiegelneuronen sollen schwingen, aber man bleibt in einer Haltung, in der man die Klientin beobachtet, wie sie ihre Welt konstruiert; man *ist* nicht *in* ihrer Welt.

Das aktive Zuhören wird oft missverständlich angeleitet. Der Zuhörer soll nicht wie ein Papagei das Gesagte inhaltlich wiederholen. Vielmehr soll er selektiv auf die Mitteilungen achten, die die Senderin über ihr Selbst macht: über ihre Interessen, Befürchtungen, Bedürfnisse, Fragen, Betroffenheiten Befindlichkeiten ... Das sind Relevanzkriterien des psychischen Systems, nach denen dieses den Lebenserfahrungen Bedeutung und Sinn zuweist. Aktives Zuhören heißt, diese Ent-Äußerungen wahr-zunehmen, in eigene Worte zu fassen und an den Sender rückzumelden. Sie vermitteln sich über Sprache und nonverbale Kanäle wie Tonfall, Körperhaltung, Erzählrhythmus, Pausen usw. Diese Informationen greift der Zuhörer auf, z. B: »Sie zögern ...« Auch über den neuronalen Kanal der Spiegelneuronen vermitteln sich Betroffenheiten des Senders: eine starke Anspannung, Angst, Freude, Energie. Auch das kann der Zuhörer rückspiegln: »Ich erlebe Sie als sehr energievoll ...«

Dazu ein Beispiel: Jemand erzählt, dass im Zuge der Einsparungen in einer IT-Firma im Betriebsrestaurant nicht mehr selbst gekocht wird, sondern Fertigmenüs nach Wahl aufgewärmt werden. Die linke Spalte in Abbildung 8 zeigt den Gesprächsverlauf, wenn die Inhaltsebene der Erzählung aufgegriffen und rückgespiegelt wird; die rechte Spalte zeigt aktives Zuhören: Die Botschaften, die der Erzähler über sich selbst sendet, werden selektiv aufgenommen und rückgespiegelt. Das linke Gespräch verläuft im Sand, das rechte Gespräch entwickelt sich zu einem Kern, der zu Beginn nicht manifest ist.

	Inhalte wiederholen	Aktives Zuhören
Erzähler	Das Essen ist jetzt schlecht und immer dasselbe.	Das Essen ist jetzt schlecht und immer dasselbe.
Zuhörer	Das Essen ist nicht gut und nicht abwechslungsreich.	Sie klingen verärgert ...
Erzähler	Ja, es gibt 20 Menüs zur Auswahl, aber die wiederholen sich mit der Zeit.	Ich finde, das ist eine Frechheit. Das Essen ist nichts wert.
Zuhörer	Auch bei der Auswahl gibt's früher oder später Wiederholungen.	Sie finden das nicht angemessen ...
Erzähler	Man mag dann schon gar nicht mehr hingehen, wenn immer alles gleich schmeckt.	Wir arbeiten schließlich Hochleistung, und dann werden wir mit leeren Kalorien abgespeist.
Zuhörer	Das nimmt den Appetit, wenn immer alles gleich schmeckt.	Der Wert des Essens und der Wert ihrer Arbeit, das passt nicht zusammen.
Erzähler	Mmh, ja.	Ja, wir sind hier nur die Arbeitssklaven.
Zuhörer		Sie erwarten da mehr Wertschätzung von Ihrem Arbeitgeber.

Abb. 8: Inhaltsparaphrase versus aktives Zuhören

Rückmeldungen beim aktiven Zuhören sollten den Status von Beobachtungen oder »milden« Interpretationen haben; zu weitreichende Interpretationen liegen leicht einmal daneben, sie können als Psychologisieren empfunden werden und die Gesprächsbasis zum Kippen bringen. Rückmeldungen mit dem Status von eigenen Bewertungen des Zuhörers sind verpönt, weil sie den Klienten nicht in seinem Sosein wahrnehmen, sondern ihm eine fremde Weltsicht überstülpen, was Rosenberg (2001) in seiner Theorie der gewaltfreien Kommunikation »violence« (Gewalt) nennt.

Carl Rogers Therapie hieß anfangs »nondirektive Gesprächsführung«, das sollte betonen, dass der Therapeut nicht das Gespräch steuert. Sie wurde später umbenannt in »klientenzentrierte Therapie«, das sollte betonen, dass der Klient seine Welt konstruiert, dass seine Konstruktionen im Zentrum stehen und bedingungslos gelten. Dabei geht es nicht nur um eine Technik der Gesprächsführung, sondern um eine therapeutische Wirkung: Durch die fokussierte Wahrnehmung und Rückspiegelung seiner Selbstentäußerungen durch den Therapeuten schärft der Klient seine Selbstwahrnehmung, was in Therapiesettings einen Prozess der Selbstentwicklung in Gang setzt.

Containment schaffen
Eine gute Beziehung zwischen Berater und Klient ist Voraussetzung dafür, dass beide schwierige Themen besprechen können. Die Beziehung zwischen Helfer und Klient muss sich zu etwas entwickeln, was Isaacs einen sicheren »Container« (also Behältnis, Umfeld) nennt, der es ermöglicht, Themen anzugehen, die »für normale Verhältnisse zu heiß sind« (Schein 2000, S. 66). – Was ist gemeint mit Container bzw. Containment?

Im Gespräch entsteht Containment durch die Methode des aktiven Zuhörens und den daraus folgenden Vertrauensaufbau, aber auch ganz allgemein durch die »Präsenz«, die konzentrierte, frei schwebende Aufmerksamkeit, der Beraterin. Präsenz ist für sie Voraussetzung, um sich empathisch an das Klientensystem anzukoppeln und wirkt umgekehrt »ansteckend«: Der Klient wird selbst fokussierter.

Auch Teams, die miteinander ein hochkomplexes Problem stemmen sollen, brauchen Containment (Isaacs 2002, S. 202 ff.), eine Ummantelung, die Sicherheit auf hoher See bringt. Sie benötigen ein Bild davon, wofür sie als Team stehen und was der Sinn des Unterfangens ist, um einen gemeinsamen Aufmerksamkeitsfokus zu haben.

Ein komplexer Strategieprozess in hoher Unsicherheit z. B. sollte mit den Personen und ihrer Wahrnehmung, ihren Bildern von Zukunft beginnen. Erst die dichte Stimmung, die sich nach der Äußerung persönlicher Betroffenheiten und Wünsche einstellt, kann den tiefen Respekt füreinander herbeiführen, der seinerseits die Grundlage dafür bildet, sich als Team zu erleben, das mit unternehmerischem Wollen unbekanntes Terrain betritt. Erst mit diesem kollektiven Aufmerksamkeitsfokus kann es dann dialogisch und mit angemessener Differenzierung an die Erarbeitung der komplexen Inhaltspakete gehen.

Bevor es also auf die Inhaltsebene der Problembearbeitung geht, sammelt die Gruppe die wesentlichen Überzeugungen, Annahmen, Wünsche und Absichten ihrer Mitglieder und schafft ein geteiltes Verständnis des Kontextes mit seiner Bedeutung für eine gemeinsame Zukunft. So bekommt das Kollektiv den gemeinsamen Aufmerksamkeitsfokus (die Sammlung) und die mentale Stabilität (die Erdung), um sich auf einen schwierigen Auseinandersetzungsprozess einzulassen. In diesem Prozess werden viele der bisher gültigen mentalen Modelle und impliziten Annahmen erschüttert und revidiert; der Container – die gesammelte Aufmerksamkeit für die eigenen kollektiven Absichten, Annahmen und Überzeugungen – bleibt bestehen.

Das Beratungssystem abstecken

Nach und mit dem *Aufbau von Vertrauen* und Containment kann sich das Auftragsgespräch den Sachaspekten widmen mit der Absicht, das *Wirkungsgefüge zu explorieren*. Diese Gesprächsphase verläuft meist nach dem Modell des qualitativen Interviews (siehe S. 75 ff.): Im narrativen Teil erzählt der Klient frei über seine Wahrnehmung der Situation; darauf folgt – mit den Methoden des zirkulären Fragens – eine Phase der Vertiefung und der Exploration nicht angesprochener Aspekte durch den Berater. Ziel ist es, die Informationen zu generieren, die es für eine inhaltliche, soziale und zeitliche Abgrenzung des zu beratenden Wirkungsgefüges braucht.

Nach dem Was kommt das Wie – gegen Ende des Auftragsgesprächs verlässt man die Inhaltsebene und geht auf die *Metaebene*. Der Berater spiegelt erste Hypothesen zum Kontext und zu Funktionsmustern des Systems. Er legt sein Verständnis des Problems und seine Vorgehensweise zu dessen Bearbeitung dar und macht eine erste Aufwandschätzung.

Erste Eindrücke und Hypothesen rückspiegeln

Bei der Rückspiegelung der Eindrücke geht es zuerst um eine würdigende Zusammenfassung der vom Klienten genannten Anliegen und Schwerpunkte. Dabei greift man auch die Themen auf, die den Klienten selbst ins Nachdenken gebracht haben, die Unschärfen, wo ihm Begriffe und Worte fehlten. Dort liegt der Mehrwert beraterischer Begleitung – nicht in einem Paraphrasieren von »fertigen Anforderungen«.

Mit den eigenen Eindrücken spiegelt man – in Maßen – auch erste Hypothesen, möglichst solche, die das systemische Vorgehen deutlich machen, z. B. indem man eine Umdeutung vom Problem zur Lösung vornimmt oder den Fokus von der Bewertung einer Person auf Interaktionen verschiebt.

Im Beispiel der Konfliktmoderation könnte eine Hypothese sein: »Diese Mails mit langem Verteiler finden viel Aufmerksamkeit bei Ihnen; ein Vieraugengespräch schlägt weniger Wellen. Wer Aufmerksamkeit möchte, wird eher Mails mit Verteiler schreiben.«

Das Beratungssystem abgrenzen

Die inhaltliche, soziale und zeitliche Abgrenzung des zu beratenden Interaktionssystems ist die Grundlage dafür, welche Personen und Aspekte in die Datenerhebung einbezogen werden und wie der zeitliche Umfang und Ablauf beraterischer Intervention einzuschätzen sind. Die Grenzziehung ist die Expertise des Beraters; sie weicht meist von der des Klienten ab.

Das Beratungssystem abstecken

So liegt beispielsweise bei einer Konfliktmoderation die soziale Grenze bei all den Personen, die im Konfliktsystem interagieren, auch wenn sie sich nicht alle in hohen Eskalationsstufen bewegen, wohingegen der Auftraggeber meist nur die zwei hoch eskalierten Konfliktpartner oder überhaupt nur eine »schwierige Person« im Blick hat.

Das System *inhaltlich abzugrenzen* heißt, das Thema, die Variablen und ihre Dynamiken grob zu überblicken: Was ist die Aufgabenstellung, was sind die Ziele des Beratungsprozesses, was soll nachher anders sein, und von welcher Ausgangslage aus startet man? Wer oder was sind die relevanten Umwelten des Problems? Welche Einflussgrößen und Dynamiken wirken aus den relevanten Umwelten ein?

Das System *sozial abzugrenzen* heißt, das Personensystem verstehen: Wer sind die Player? Wer übt welche Funktionen und Rollen aus? Wer hat welche Entscheidungsmacht? Wer hat welches Wissen – als Experte oder als Anwender? Wer bringt welche Interessenlagen, Vorerfahrungen, Zuschreibungen mit?

Das System *zeitlich abzugrenzen* heißt, die Entwicklung des Wirkungsgefüges von der Vergangenheit zum Status quo nachzuvollziehen, zu spüren, was sich verändert hat, was gleichbleibt. Auch der Ausblick auf die Zukunft gehört dazu: In welche Entwicklungen ist das System eingebettet, und bis wann soll sich was ändern?

Nach dem Auftragsgespräch sollten diese Abgrenzungen mit einer gewissen Bandbreite getroffen werden können. Das Feintuning findet in der Diagnosephase statt.

Kontext, Auftrag, Rollen klären

Auf der Basis dieser ersten inhaltlichen, sozialen und zeitlichen Grenzziehung für das System werden die Eckpfeiler des Beratungssystems eingeschlagen: Die gemeinsamen Annahmen, Absichten, Überzeugungen von Klient und Berater bezüglich Kontext, Auftrag und wechselseitiger Rollen werden nochmals geklärt bzw. zusammengefasst.

Klären bringt nicht unbedingt »Klarheit«. Die Forderung nach Klarheit von Kontext, Auftrag und Rollen – oft verbunden mit dem kategorischen Appell, unklare Aufträge nicht anzunehmen – ist Unfug; in komplexen Systemen kann es Klarheit ja gar nicht auf Dauer geben; wäre es so, brauchte es keine Beratung. Dazu Schein (2000, S. 289):

» Viele Beratungstheorien argumentieren, solche impliziten Erwartungen sollten von Anfang an so offiziell und explizit wie möglich dargestellt werden. Meiner Erfahrung nach ist es nicht besonders praktikabel und wenig effektiv, [...] denn noch weiß keine der beteiligten Parteien ausreichend Bescheid über die sich entwickelnde Situation, um abschätzen zu können, was sie geben kann und was sie zu bekommen hofft [...]. Es ist sinnvoll, in jeder Phase in Bezug auf die eigenen Erwartungen offen zu sein [...].«

Es kann also nur um *Klärung* als ständigen Metaprozess gehen, der im Auftragsgespräch seinen Ausgang nimmt und später im Beratungsprozess immer wieder in den vor- und nachbereitenden Gesprächen mit dem Klienten unternommen wird. Ziel kann nur sein, jeweils für die nächsten Schritte genügend Handlungsorientierung zu bekommen.

Vorgehensweise und nächste Schritte
Die unmittelbar nächsten Schritte betreffen – gleichgültig, ob es sich um ein Teamtraining, einen Strategieworkshop oder einen Change-Prozess handelt – die Vorgehensweise bei der Datenerhebung, die Auswahl der Interviewpartner, die Kommunikation mit den Betroffenen, Terminvereinbarungen für Vorgespräch und Rückspiegelungsworkshop. Damit endet das Auftragsgespräch; es hat dann 1,5 bis 2 Stunden gedauert. Auch die Vor- und Nachbesprechungen von Beratungsschritten, z. B. Workshops, haben diesen Umfang.

Nun wird das Angebot erstellt, in dem Ausgangslage, Zielsetzungen, Vorgehensweise und gegebenenfalls ein Ausblick auf grundsätzliche Optionen nach der Diagnose stehen. Systemische Organisationsberatung fordert dem Auftraggeber einiges Vertrauen ab, weil man Aufwände und Beratungsschritte vor der Diagnose nicht genau benennen kann. Dazu kommt, dass die Diagnose immer ein »Overhead«-Aufwand ist, der zu Beginn des Prozesses anfällt, ihren Nutzen aber später im gesamten Prozess entfaltet.

Die Datenerhebung

Die Datenerhebung

Die Datenerhebung beginnt, streng genommen, mit der Vorbereitung auf das Auftragsgespräch; leicht verfügbare Quellen über die Organisation werden recherchiert. Nach der groben inhaltlichen, sozialen und zeitlichen Abgrenzung des Beratungssystems kommt die Phase der Datenerhebung. Weil Beratungsprojekte meist unter Zeit- und Gelddruck stehen, sind in der Praxis Fragebogen und Interviews die wesentlichen Erhebungsmethoden.[16]

Die Planung der Erhebung
Bei der Erhebung sollen die Handlungsmuster und Bedeutungsgebungen des Systems aus der Sicht seiner Relevanzen oder Sehe-Punkte erfasst bzw. rekonstruiert werden.

Das bedeutet: Es braucht Interviewpartner, die diejenigen strukturell bedingten Perspektiven des Systems vertreten, die – miteinander interagierend – die Bedeutungsgebungen »vereinbaren«, nach denen sich die Handlungsmuster des Systems ausrichten. Solche strukturellen Perspektiven, die zu Sinnkonstruktionen im System beitragen, sind in Organisationen z. B. Rollen, Aufgabengebiete, Wissensbestände, Entscheidungsmacht, Vorerfahrungen, Interessenlagen, Beziehungen, aber auch demografische oder sonstige Merkmale usw. Diese Abbildung der konstitutiven Perspektiven des Wirkungsgefüges auf Personen ist das *Personensystem*; es begründet die Population der potenziellen Interviewpartner.

Glücklicherweise sind in der Praxis die Ressourcen beschränkt auf einen knappen Durchlaufzeitraum und wenige mögliche Interviews. Man kann trotz beschränkter Ressourcen eine gute Diagnose erzielen, weil sich zentrale Muster ohnedies quasi »fraktal« in verschiedenen Ausschnitten des Geschehens zeigen. Nicht die Menge der Interviews macht die Güte aus, sondern die Auswahl der Interviewpartner und die Methodik der Gesprächsführung. Es gilt, repräsentative Quoten zu ziehen und nicht direkt befragbare Perspektiven mittels zirkulärer Fragen auszuloten.

---

16 Teilnehmende Beobachtung, die wesentliche Methode der Ethnologie, wird kaum für Erhebungszwecke praktiziert; wenn, dann eher als Form beraterischer Begleitung, z. B. beim Shadowing.

Gruppeninterview oder Einzelinterview? Persönlich oder telefonisch?

Üblicherweise werden Interviews nach dem Modell des qualitativen Interviews durchgeführt; diese Interviewform generiert (z. B. im Vergleich zum Leitfadeninterview) die reichhaltigsten Informationen über das System.

Natürlich ist ein *persönliches* Interview mit seinen verbalen, nonverbalen und neuronalen Kommunikationskanälen reichhaltiger als ein telefonisches, das stärker auf Sprache bauen muss. Vor Ort hat man Zugang zu vielen anderen Informationsquellen: Man ist in Geschehnisse und Critical Incidents verwickelt, wird während Wartezeiten oder beim Mittagessen über Gründungsgeschichten aufgeklärt, ist Adressatin spontaner Erzählungen zum Kontext und darüber, wie er sich mit der Vergangenheit vergleicht. Man erlebt die Wirkung der Artefakte bzw. überhaupt Kultur live – den Umgang mit Zeit, Raum, Beziehungen – und der kollektiven Inszenierung von Wirklichkeit; das eigene Erfahrungsgedächtnis wird mit Eindrücken und Bildern gefüttert. Kurz: Man nimmt wie ein Schwamm Informationen auf und spürt deutlich die eigene Resonanz als eigene Datenquelle.

Die Idealform sind Einzelinterviews mit Schlüsselpersonen, die sowohl eine wichtige Perspektive vertreten als auch eine gewisse Gesamtsicht haben; man kann sie gut zirkulär befragen, einen persönlichen Rapport herzustellen und Kooperation finden. Ein Interview sollte 1,5 Stunden, aber nicht weniger als 1 Stunde dauern.

Gruppeninterviews strecken die knappen Ressourcen; außerdem zeigen sich Kommunikationsmuster live: Wie viel Aufmerksamkeit gibt man einander, wie schließt man aneinander an? Das kann z. B. für eine Teamentwicklung eine wertvolle zusätzliche Informationsbasis sein. – Interviewgruppen können als »Maxmix-Gruppen« einen Mikrokosmos der konstitutiven strukturellen Variablen des Systems abbilden. Im narrativen Teil tauschen sich verschiedene Perspektiven aus; mehrere gemischte Gruppen bringen jeweils ähnliche Informationen. »Heimatgruppen« sind im Gegensatz dazu bezüglich der für das Thema strukturellen Merkmale homogen zusammengesetzt. Unterschiedliche Gruppen liefern unterschiedliche Informationen.

Gruppeninterviews sind anforderungsreicher als Einzelinterviews; es gibt mehr Menge und Gleichzeitigkeit von Informationen, die protokolliert werden müssen; es gilt, die Gruppendynamik zu beobachten, Stereotype zu hinterfragen bzw. aktiv nach Minderheitsmeinungen zu fragen. Der Zeitbedarf für ein Gruppeninterview ist 2 Stunden, mindestens 1,5 Stunden.

Bei allen Vorteilen persönlicher Interviews sind aber – gerade bei Klienten im Ausland – meist nur telefonische Interviews bzw. Mischformen möglich. Telefoninterviews dauern meist nur 1 Stunde, Gruppeninterviews per Telefonkonferenz sind eigentlich nur praktikabel, wenn man die Interviewpartner vorher kennt.

Regeln für Feldforscher
- Versuche, so weit wie möglich Zugang zu den relevanten Perspektiven des Systems zu finden, und wahre dabei Äqui-Distanz.
- Versuche, die Erhebung so weit wie möglich interaktiv zu gestalten, um die reichhaltigen Funktionsmuster des Systems selbst zu erleben und einen ergebnisoffenen Forschungsprozess zu gewährleisten.
- Öffne Kopf, Herz und Bauch, um zu verstehen; lass dich auf Begegnung ein, und wahre empathische Distanz.
- Verlasse das Forschungsfeld so, dass die Leute dich wieder einladen würden.

Abb. 9: Vier Regeln für Feldforscher

Zum Einstieg in jedes Interview werden Thema, Zusammenhang der Befragung, Zeitrahmen und methodisches Vorgehen angesprochen.

»Danke, dass Sie sich Zeit nehmen für dieses Gespräch. Es dient mir als Vorbereitung auf ... Ich führe mehrere Interviews mit ... Das Fazit/Die Diagnose aus den Informationen, werde ich Ihnen am ... im Rahmen von ... zurückspiegeln. Ihre Ausführungen werden von mir vertraulich behandelt. Am liebsten ist es mir, wenn Sie einfach beginnen und erzählen, wie Sie die Situation wahrnehmen, worum es Ihrer Ansicht nach geht ... Wir haben ... Zeit; ich werde zuhören; um Sie nicht unnötig zu unterbrechen, werde ich erst später noch Punkte vertiefen, die mir nicht klar wurden ... Benötigen Sie von mir noch Informationen, oder können wir beginnen mit dem Interview?« Eine gute Einstiegsfrage kann die Frage nach einer Metapher für die Situation sein.

In der Praxis werden Interviews selten aufgezeichnet; man macht sich Notizen beim Zuhören. Besonders wichtig ist es, Metaphern, Begriffe, charakteristische Aussagen im Originalton mitzuschreiben. Am Ende des Interviews spricht man Dank aus und sagt nochmals, was mit den Ergebnissen der Befragung geschehen wird.

Die Fragebogenerhebung

Die Fragebogenerhebung hat – insbesondere durch elektronische Verbreitungsmedien – den Vorteil der größeren sozialen Reichweite und den Nachteil, dass der Informationsgehalt der anonymen schriftlichen Rückmeldungen wesentlich dünner ist als der in Interaktionen erhobener Daten.[17]

Ist man auf Fragebogen als Erhebungsmethode angewiesen, gibt es zwei Möglichkeiten, diese Methode mit »Interaktionsgehalt« anzureichern:

- Bei kleineren Erhebungen kann man ein qualitatives Interview simulieren und zuerst *offene Fragen* stellen, die den Befragten in eine Erzählhaltung führen; z. B. bei der Vorbereitung eines Teamtrainings: »Worum sollte es da gehen? Welche Fragen beschäftigen Sie? Wo sehen Sie die Baustellen für Ihr Team …?« »Was sind Ihre Anliegen bezüglich Inhalten und Verlauf? Was muss passieren, damit Sie am Montag sagen: Die Zeit hat sich gelohnt?« Mit dem Ziel der Exploration kann man z. B. *Skalierungsfragen* stellen und dann um Kommentare bitten, z. B: »Auf einer Skala von 1 bis 10, bitte bewerten Sie: Wie gut sind die Teamnormen entwickelt, die Sie für das Miteinander und Ihre Aufgaben benötigen?« – Kommentar.

---

17 Die Vorteile sozialer Reichweite und automatisierter Datenverarbeitung werden erkauft durch vorformulierte Items, die nur mehr bedingt den Gütekriterien eines offenen Forschungsprozesses und der interaktiven Rekonstruktion von Bedeutungsgebungen aus den relevanten Perspektiven des Systems genügen.

- Bei umfangreichen Erhebungen kann man in einem *zweistufigen Verfahren* erst die Items bestimmen und dann ihre Ausprägung abfragen. Für eine Mitarbeiterzufriedenheitsumfrage stellt man z. B. in einer ersten Runde offene Fragen wie: »Welche Ereignisse im vergangenen Jahr haben Sie inspiriert bzw. motiviert? Wann war Ihre Motivation am Boden? Was ist da passiert? Wann fühlen Sie sich in Ihrer Arbeit zufrieden? Wenn Sie an eine Führungskraft denken, mit der Sie besonders gern zusammenarbeiten, was macht diese anders als andere? ...« Mit wenigen solcher (redundanten) »Triggerfragen« bekommt man *Critical Incidents*, die inhaltsanalytisch ausgewertet werden, damit man möglichst originalgetreu formulierte *Items* für die zweite Fragebogenerhebung ableiten kann, mit der man – nach einem Pre-Test – für jedes Item einerseits die zugeschriebene *Wichtigkeit* und andererseits den wahrgenommenen *Erfüllungsgrad* erhebt.

In der Praxis wird der Rahmen für die Erhebung gesetzt durch Zeit, Geld und Beraterkapazität; es gilt dann, ein Forschungsdesign zu entwickeln, das diesen Rahmen bestmöglich ausschöpft; dazu gehören auch Mischformen aus Einzel- und Gruppeninterviews sowie Fragebogenerhebungen.

Das qualitative Interview

Die Gesprächsführung verläuft im qualitativen Interview in drei Phasen: Dies sind die Phase des nichtdirektiven, narrativen Teils, die Phase des vertiefenden bzw. »immanenten« Nachfragens und die Phase der Exploration noch nicht angesprochener Aspekte bzw. des »exmanenten« Nachfragens (Froschauer u. Lueger 1998, S. 44).

Der narrative Teil
Schein (2000, S. 67):

> »Der Klient kontrolliert das Gespräch, sowohl was den Prozess als auch was den Inhalt angeht. Die Rolle des externen Beraters liegt darin, den Klienten zum Erzählen anzuregen und aufmerksam und neutral zuzuhören.«

Er kann den Prozess mit den sogenannten Tatsachenfragen einleiten: »In welcher Situation befinden Sie sich?«; »Können Sie mir schildern, was da passiert?«; »Beschreiben Sie mir die Situation«; »Erzählen Sie mir mehr dazu!«.

Es ist aus mehreren Gründen methodisch sinnvoll, das Gespräch mit dem freien Erzählen des Klienten beginnen zu lassen:

- Es trägt zur Symmetrie der Beziehung zwischen Berater und Interviewpartnern bei, wenn die Klienten, die in einer One-down-Position starten, die Macht des Wortes erhalten.
- Die Art und Weise, wie Klienten die Erzählmasse strukturieren – was sie voranstellen, betonen, welche Begriffe sie benutzen – ist selbst eine Informationsquelle.
- Überall dort, wo die Erzählung ins Stocken gerät, wo Begriffe fehlen, Füllworte verwendet werden, zeigen sich die Grenzen der Deutungsmuster; das sind die »Akupunkturpunkte« des Systems.

Die Absichtslosigkeit des Interviewers, das Fehlen gemeinsamer Vergangenheit und Zukunft bewirken auf der Seite der Interviewten Öffnung und Offenheit.

»Der Interviewer gleicht einem Mitreisenden auf einer Zugfahrt, dem man sein ganzes Leben erzählt [...]. Man vertraut dem [...] ›weiterziehenden Fremden‹, als welcher der Interviewer erscheint, Dinge an, die man einer nahestehenden Person möglicherweise niemals sagen würde« (Bude 2005, S. 573).

Vertiefendes Nachfragen und Exploration
Wenn der Erzählfluss des Klienten sich verlangsamt oder zum Erliegen kommt, ist es nach Schein Zeit, zum zweiten Fragetypus zu wechseln: zu den »explorativen, diagnostischen Fragen«. Das wird – nach einem Schweigen – manchmal eingeleitet durch eine Frage des Klienten: »Was halten Sie davon? Wie sehen Sie denn das als Berater? Wie sieht das in anderen Firmen aus?«

Die explorativen, diagnostischen Fragen des Beraters sind zugleich Interventionen; sie lenken den Aufmerksamkeitsfokus des Klienten und erzielen die Wirkung, dass der Klient selbst beginnt, »diagnostisch zu denken«. Hier sind die systemischen Fragen angezeigt; sie unterstützen die Exploration des Wirkungsgefüges und die Diagnose von Zusammenhängen auf spielerische Art.

Nach der Phase des freien Erzählens bleibt die Beraterin zunächst im Rahmen der Erzählmasse und vertieft dort Aspekte: »Sie sagten vorhin ... Wie kann ich mir das vorstellen?« »Ich würde gern genauer verstehen ...« Wenn die »Anschlusspunkte« in der Erzählung des Klienten erschöpft sind, bleiben noch Aspekte zu explorieren, die vom Klienten nicht angesprochen wurden, für die Beraterin aber wichtig sind. Denn de facto geht sie nach einer informellen Frageliste vor; manche Fragen beantworten sich im narrativen Teil, andere im Nachfrage- und Vertiefungsteil und wieder andere im Explorationsteil des Gesprächs; dazu kommen Antworten auf nicht gestellte Fragen. Es gibt keine Kontrolle über die Reihenfolge der Fragen, was hohe Flexibilität, aber auch hohe Vertrautheit mit und Sicherheit in der Materie verlangt. Das Gespräch muss deshalb gründlich vorbereitet werden.

Die Diagnoseschrift

Für die Diagnoseschrift, die im Rückspiegelungsworkshop vorgestellt wird und Basis für die gemeinsame Ableitung von Aktionen ist, werden Hypothesen gesammelt, strukturiert und im Feintuning formuliert.

Hypothesen sammeln und grob strukturieren

Am Ende der Erhebungsphase ist eine schier unüberschaubare Fülle von Daten und Informationen zusammengetragen, die es zu strukturieren und auszuwerten gilt. Damit man mit dieser Komplexität fertigwird, ist es hilfreich, sich wieder systemische Haltung, Sehe-Punkte und Prämissen zu vergegenwärtigen und mit dem »unscharfen Blick« einfach anzufangen, Zusammenhänge herzustellen – so wie es sich ergibt und wissend, dass man ohnedies mehrere Schleifen durch die Informationsmasse ziehen wird; man muss also nicht alle Zusammenhänge beim ersten Durchlauf konstruieren.

Der erste Schritt ist das Sichvergegenwärtigen der Informationen; man liest die Mitschriften und ausgewählte Unterlagen durch – mit den Triggerfragen (siehe Abb. 6) im Kopf und dem

Textmarker in der Hand. So scannt man die Datenmasse nach den Beobachtungsfokussen für Beschreibungen 2. Ordnung und streicht Kernpunkte und Originalaussagen an. Je nach Komplexität der Materie, Vertrautheit und Zeitabstand zur Erhebung liest man die Notizen ein- bis zweimal durch.

Erfahrungsgemäß beginnt man irgendwann beim Durchlesen, ein File mit Cluster-Überschriften anzulegen und dort Thesen und Originalzitate hineinzuschreiben, ohne sich noch lang mit Formulierungen aufzuhalten. Dann wird es unsystematisch: Entweder verführen attraktive Hypothesen dazu, die Notizen zu durchforsten und diese Hypothesen zu ergänzen, zu vertiefen, auszudifferenzieren; oder man folgt den Unterlagen und schreibt nacheinander verschiedenste Thesen auf. Bei kleineren Projekten mit einer überschaubaren Informationslandschaft startet man gleich damit, Hypothesen zu brainstormen, und liest gegebenenfalls nachher noch einmal die Interviewnotizen durch.

Hypothesen bilden in großen Beraterstaffs
Wesentlich komplexer ist es, wenn man in größeren Beraterstaffs gemeinsam Hypothesen bilden will. Wie soll man die schiere Masse von Informationen vergemeinschaften?

Das von Strauss und Corbin (1996, S. 160) vorgeschlagene Prozedere, dass alle an einem Teamprojekt Mitarbeitenden an »allen Sitzungen teilnehmen« müssen, die »regelmäßig und häufig stattfinden« sollen, dass »jeder alle Memos lesen« – und daher auch solche schreiben – muss, ist unrealistisch; es gibt ein bis bestenfalls zwei Meetings zum Hypothesenbilden. Es bringt auch nicht viel, von jedem vorab schriftlich formulierte Hypothesen einzusammeln; man würde die Datenmasse damit nur vergrößern.

Bevor man im Beraterstaff Hypothesen bilden kann, braucht es – wie bei jedem sozialen System – wieder einmal Fokus und Containment, sonst ist jede und jeder mit der eigenen Aufmerksamkeit woanders, und es gibt keine Kommunikationsanschlüsse. Man geht also miteinander in Interaktion: indem man sich z. B. gegenseitig zu den in Abbildung 10 zusammengetragenen Fragen interviewt. Sie geben Auskunft über die Betroffenheiten und Erfahrungen der Einzelnen während der Erhebungen; de facto tauscht man sich also über die eigenen Relevanzen beim Anfertigen von

Die Diagnoseschrift

Beobachtungen 2. Ordnung aus. Das ist die Basis für den folgenden Prozess des gemeinsamen Hypothesenbildens, der ja auch ein interaktiver Prozess ist, in dem soziale Bedeutungsgebungen – die Hypothesen der Berater – ausgehandelt werden.

Informationsaustausch im Beraterstaff
- Erzähle einmal, wie es dir ergangen ist bei den Interviews ...
- Gab es besondere Vorkommnisse, Ereignisse?
- Wie ist denn so ein Interview abgelaufen, was hat da nacheinander stattgefunden?
- Bei dem, was du gehört hast – Was hat dich überrascht, was hat dich neugierig gemacht?
- Welche Aussagen haben sich bei dir besonders eingeprägt?
- Wo hast du deine Erwartungen bestätigt gefunden?
- Gibt es etwas, das du jetzt anders machen würdest, wenn du die Interviews noch einmal durchführen solltest?

Abb. 10: Fragen zum Informationsaustausch im Beraterstaff

Dann braucht es einen mehrstufigen Prozess, in dem man abwechselt zwischen fokussierter Arbeit in Kleingruppen einerseits und Austausch und Richtungsgebung im Plenum andererseits. Dabei ändert man die Gruppenzusammensetzungen immer wieder, um möglichst viel Vernetzung im Staff herzustellen. Mit jeder der vielen Schleifen, die man miteinander durch das System zieht, reduziert sich die anfangs unüberschaubare Komplexität; das gemeinsame Verstehen und Durchdringen des Systems nimmt zu. Ein Beispiel für ein solches mehrschleifiges Verfahren zeigt Abbildung 11.

Das Feintuning: Formulierung von Hypothesen für den Klienten

Nach dem gemeinsamen Bilden und Clustern von Hypothesen können Feintuning und Formulierung der Diagnoseschrift von einem kleinen Redaktionsteam übernommen werden. Das ist wahrscheinlich der schwierigste Teil. Bis hierhin hat die *Theoriebildung* der Erkenntnis der Berater gedient, nun soll sie – im Sinn der gestaltenden Forschung – zum *Nutzen des Systems* prozessiert werden. – Wie?

4 Von der Anfrage zur Diagnose

Beispiel: Team von *zwölf internen Beratern*, die in verschiedenen Unternehmensbereichen Erhebungen zur Innovationskultur durchgeführt haben und nun einen Klausurtag zum Hypothesenbilden durchführen.	
Aufteilung in *drei Vierergruppen*, gut durchmischt nach Erhebungsgebieten. Einzelarbeit: sich die eigenen Notizen vergegenwärtigen (45 Min.); dann vier gegenseitige Interviews à 15 Min. mit den Fragen von Abbildung 10). Dann paralleles *Hypothesenbilden* in den drei Vierergruppen; Brainstormingmodus, alle Thesen werden auf Flips oder A5-Post-its schreiben.	
Plenum: Die drei Vierergruppen stellen einander ihre Thesen vor; Reflexion der Gemeinsamkeiten, Unterschiede; Flughöhe für Mustererkennung halten. Pause, in der alle Thesen abfotografiert und allen Beratern als Handout zur Verfügung gestellt werden. *Einzelarbeit:* alle Thesen durchlesen, Zusammenhänge, Cluster überlegen; im Plenum *Themen-Cluster* festlegen.	
Vier Dreier-Verschnittgruppen mit je einem Vertreter aus den vorhergehenden Vierergruppen bilden, die Themen-Cluster auf die Dreiergruppen aufteilen; sie stellen die passenden Hypothesen für jeden Cluster zusammen und dürfen zusammenfassen und umformulieren.	
Vorstellung der Gruppenarbeiten ans *Plenum*, Resonanz. Danach Zusammenstellung eines:	
Redaktionsteams, das wieder aus je einem Vertreter der vier Dreiergruppen gebildet wird; das Redaktionsteam bereitet die Hypothesen, die Aussagenkomplexen zugeordnet sind, nun für die Diagnoseschrift auf.	

Abb. 11: Möglicher Prozess für das gemeinsame Hypothesenbilden in größeren Beraterstaffs

Die Hypothesen sind nun zwar zu Aussagenkomplexen zusammengefasst, sie weisen aber unterschiedlichen Abstraktionsgrad

Die Diagnoseschrift

und unterschiedliche Heuristik auf. Zudem adressieren sie unterschiedliche Aspekte: Einige beleuchten den Kontext, andere fokussieren auf Interaktionsmuster und regelhafte Ereignisketten, und wieder andere beschäftigen sich mit Auswirkungen auf ein bestimmtes Handlungs- oder Entscheidungsanliegen.[18]

Beim Feintuning werden die Hypothesen zusammengefasst, umformuliert, in eine passende logische *Reihenfolge* gebracht. Man verabschiedet man sich von »Schnörkeln« und konzentriert sich auf Hypothesen mit *Interventionscharakter*; d. h. auf Hypothesen, die Muster des Systems verstören und bei der Entwicklung neuer Verhaltensoptionen nützlich sein können. Diese Kernhypothesen müssen – damit sie für den Klienten rezipierbar und nachvollziehbar sind – schriftlich hergeleitet werden; Beobachtungen sollten Interpretationen vorausgehen.

Schließlich werden die Hypothesen für die Diagnoseschrift und den Rückspiegelungsworkshop sorgfältig formuliert, und es werden *Originalzitate*[19] sowie von Interviewpartnern verwendete *Metaphern* dazugestellt. Kommunikation entsteht beim Empfänger – Hypothesen müssen so formuliert sein, dass sie Steve de Shazers Drittelcocktail entsprechen und der Empfänger sie trotzdem »gut nehmen« kann. Dieser braucht vorher ein gutes »Frühstück«, denn auf nüchternen Magen wäre so manches schwerer »verdaulich«:

- Man beginnt nach de Shazer mit einem »Ja-Setting«, d. h. mit Aussagen, auf die das Erfahrungsgedächtnis der Klienten mit Annäherungsaffekten antwortet: Das sind z. B. das Aussprechen von Würdigung, Komplimenten, das sind auch positive Beziehungsbotschaften, Angebote von Authentizität durch Ich-Botschaften der Berater oder durch aktives Zuhören.
- Der Dreischritt »Beobachtung, Interpretation und Bewertung« hilft dem Klienten, die Hypothesen nachzuvollziehen und für glaubwürdig zu befinden. Dazu tragen auch Zitate von Metaphern und O-Ton-Aussagen bei.

---

18 Strauss und Corbin (1996) ordnen in ihrem Kodierschema »Kategorien« den Bedingungen für das Handeln, den Strategien der Akteure und den Konsequenzen zu.
19 Die Grounded Theory spricht von »in vivo codes«; sie gelten als empirische Belege für die Güte der gebildeten Theorien.

4 Von der Anfrage zur Diagnose

- Beim Formulieren sollte Ausgewogenheit sein zwischen positiven und negativen Formulierungen. Positive Formulierungen vorwegschicken, keine »Mängelliste«! Im Zweifelsfall Mängel und Defizite als Wunsch bzw. Potenzial umformulieren.
- »Starke« Aussagen, die Mängel und Defizite aufzeigen, das Selbstbild erschüttern, als Kritik und Konfrontation erlebt werden können, sollten als Fragen formuliert werden. So lassen sie dem Klienten die Autonomie über die Wahl der Antwort und rauben ihm nicht öffentlich das Ansehen.
- Um die Aufmerksamkeit des Klienten zu fesseln, verwendet man gern Cluster-Überschriften, die Headlines in der Tageszeitung ähneln.
- Diese Kunstgriffe der Kommunikation dienen dem Verstehen des Klienten; sie sollen nicht Zusammenhänge verleugnen, beschönigen oder ausbügeln. Die Zulässigkeit einer Formulierung misst sich letztlich am Kriterium der Aufrichtigkeit des Beraters und am Nutzen für das System.

Das Führungsleitbild: nice-to-have or need-to-be?

Ja-Setting schaffen: Das Board genießt hohes Vertrauen bei den Führungskräften; in den Gesprächen werden seine Verdienste um die Aufbauarbeit und sein Engagement für die Zukunft betont.

Beobachtung und Interpretation: In der aktiven Kommunikation des Führungsleitbildes ist das Board selbst zurückhaltend, nachdem die sehr offensive Promotion eines früheren Mission Statements in der Vergangenheit zu wenig Umsetzung und einer Einbuße an Glaubwürdigkeit geführt hat.

Beobachtung als Frage formuliert: Die Führungskräfte fragen sich: Wie wichtig, wie verbindlich ist das neue Führungsleitbild, wenn es in der direkten Kommunikation des Boards so wenig angesprochen wird?

Kernhypothese: Es besteht die Möglichkeit, dass das heutige Board Glaubwürdigkeit einbüßt, weil es das Führungsleitbild selbst so vorsichtig und zurückhaltend kommuniziert.

Metapher: »eine Urkunde hinter Glas in einem goldenen Rahmen.«

O-Ton: »In puncto Leitbild steht das Board mit einem Fuß auf dem Gas, mit dem anderen auf der Bremse.«

Abb. 12: Beispiel für die Ableitung und Formulierung von Hypothesen

Abbildung 12 zeigt einen fertig formulierten Cluster für eine Rückspiegelung an den Klienten; die Informationsbasis aus der Erhebung bestand aus vielen kritischen Anmerkungen über die Ambivalenz des neuen Führungsleitbildes, insbesondere bezüglich Verbindlichkeit, Ernsthaftigkeit und Vorbildwirkung des Boards; andererseits gab es anerkennende Anmerkungen zum Engagement des Boards für das Unternehmen usw. Diese Daten hatten im ersten Brainstorming zu ca. einem Dutzend Hypothesen geführt.

Umgang mit Konflikten	
Fachwissen	*Hypothesen:*
Strukturkonflikte sind strukturell bedingte Konflikte zwischen unterschiedlichen Funktionsbereichen in einem Unternehmen. Sie haben ihre Ursache darin, dass Organisationen Arbeit teilen und gleichzeitig gegenläufige Zielsetzungen vorgeben. Der Verkauf verspricht die Lieferung in zwei Wochen, um bei diesem Kunden den Fuß in die Tür zu kriegen; die Produktion legt sich auf langfristige Auslastung bei knappen Lagern fest. Strukturkonflikte sind nicht auflösbar, weil das Unternehmen sonst entweder eine gute Produktion oder einen guten Verkauf verlieren würde.	Keine Frage hat so viel für Heiterkeit gesorgt wie die Frage nach Konflikten. Gar nicht gezeigt wurden Reaktionen wie Belastung, Überforderung oder Leiden an Konflikten.
	Die Spielregel ist: Hier sind viele Egomanen, die sich gegenseitig respektieren. Die Fähigkeit, persönliche Beziehungen intakt zu halten und kooperationsfähig zu bleiben, ist hoch. Diese Konfliktkultur ist üblich in Unternehmen bei Personen mit langjähriger Zugehörigkeit, die vom wechselseitigen Goodwill abhängig sind.
	Unser Eindruck ist, dass Konflikte trivialisiert werden. Uns hat überrascht, dass strukturell angelegte Konfliktlinien selten konkret angesprochen wurden. Nur auf Nachfragen werden Ressourcenprobleme, inhaltliche Unschärfen in Spezifikationen oder technische Ausfälle als Konfliktbereiche genannt.
Strukturkonflikte sind chronisch. Wie viele chronische Konflikte werden sie häufig entweder »personalisiert« (d. h. den Eigenschaften von Personen zugeschrieben) oder verharmlost (um sich die Kooperationsfähigkeit zu erhalten).	Wir erwarten eine Zunahme von Konflikten, weil mit der Neuorganisation strukturelle Konfliktlinien klarer gezogen sind.
	Konkret erwarten wir zunehmende Konflikte zwischen ...

Abb. 13: Das gezielte Einspielen von Fachwissen

Das gezielte Einspielen von Fachwissen
Während der Rückspiegelung von Hypothesen referenzieren Berater in der Praxis immer wieder auf den fachlichen Hintergrund für ihre Interpretationen: Das sind Außenperspektiven bzw. Wissenszugänge, die dem System fehlen; als mündlicher Exkurs verflüchtigen sich diese Inputs schnell. Wenn man sie gleich in die Diagnoseschrift einbaut – z. B. in einem Kasten links von den Hypothesen oder auf einer eigenen Seite –, trägt das zum Containment bei.

Die Wirkung dieses eingespielten *Fachwissens* ist, dass es dem System »neutrale« Begriffe und *Kommunikationsanschlüsse* anbietet, die helfen, die eigenen Muster zu reflektieren und zu verstehen. Abbildung 13 gibt ein Beispiel, wo Fachwissen über Strukturkonflikte es einem System möglich machen soll, die Zweckmäßigkeit ihres Musters der Konfliktvermeidung – auf das alle sehr stolz sind – zu reflektieren.

Die Diagnoseschrift – Von der Frageliste zum Essay
Nicht nur innerhalb der Themen-Cluster ist die Dramaturgie der Ableitung der Hypothesen wichtig dafür, den Klienten ins Boot zu holen. Auch der *Gesamtaufbau* der Diagnoseschrift sollte dies bewirken. Eine Gliederung der Hypothesen entlang den Untersuchungsfragen würde den Klienten langweilen: zu viel Erwartetes, zu viel Redundanz auf der Prozessebene – kurz: weit weg vom Drittelcocktail. Die Diagnoseschrift sollte vielmehr aufbereitet werden wie ein Essay.[20]

Der Beginn der Diagnoseschrift soll gleichen *Informationsstand* bezüglich der Vorgeschichte herstellen und Aufmerksamkeit fo-

---

20 Nach Bude (2005, S. 575) gibt es neben der «Kunst der Interpretation» auch die »Kunst der Darstellung«: »Im Prinzip stellt sich hier die Alternative zwischen den Formen der systematischen, auf linearen oder zirkulären Begriffsableitungen beruhenden, der essayistischen, auf punktuelle Seinserhellung gerichteten [...] und der narrativen, einem geschichtlichen Verlauf folgenden Darstellung [...]. Für die qualitative Sozialforschung ist ein gewisses Formbewusstsein für die Kunst des Schreibens deshalb so wichtig, weil sich erst durch die Darstellung die Plausibilität der Forschung und die Generalisierbarkeit ihrer Ergebnisse erweist.«

Die Diagnoseschrift

kussieren. Man startet mit einer Übersicht und der Beschreibung des methodischen Vorgehens, das ja transparent und nachvollziehbar sein soll: ein paar Worte zu Datenbasis, Gesprächsklima, Güte der erhaltenen Informationen, Aufbau der Diagnoseschrift und Zweck der Diagnose.

Dann folgen Thesen zum *Kontext* und den jüngsten Entwicklungen des Systems. Durch Reframing fügt man Überraschendes hinzu, indem man z. B. Problemsichten relativiert, Ressourcen hervorhebt.

Nach dieser stabilisierenden Grundlage kann man die *Metaphern* zeigen, mit denen die Interviewpartner sich selbst beschrieben haben (siehe Abb. 14), das schafft hohe Neugierde und einen Energieschub. Jetzt baut sich Reihenfolge der *Themen-Cluster*

Abb. 14: Beispiel für die Selbstbeschreibung eines Systems mit Metaphern

nach »Schwierigkeitsgrad im Nehmen« auf: Anschlussfähige Cluster kommen früher, Irritationen später. Es soll dabei auch ein Spannungsbogen entstehen, der sich immer wieder in Pointen entlädt.

Eines bleibt noch nachzutragen: »Jedes Schriftl is a Giftl« – so der Spruch eines Kunden, der recht hat damit. »Schwarz auf weiß« kann vielfältige Interessen legitimieren – noch Jahre nach einem Beratungsprojekt. Die Formulierung der Diagnoseschrift hat damit zwangsläufig eine *politische Dimension*, nimmt man die ethische Forderung ernst: Verlasse ein System immer so, dass die Leute dich wieder einladen würden!

Umso wichtiger ist es, sich als Berater nicht zu einer »Anklageschrift« verführen zu lassen, sondern den systemischen Haltungen und Prämissen zu folgen und einen Text zu verfassen, der aufrichtig, wirksam und nachhaltig ist.

Der Rückspiegelungsworkshop

Im Rückspiegelungsworkshop stellen die Berater ihre Beobachtungen 2. Ordnung den Führungskräften des Systems vor. Diese rekonstruieren und bewerten die Hypothesen und leiten den Handlungsbedarf ab. Gemeinsam erstellt man eine Roadmap für das weitere Vorgehen.

Vor dem Rückspiegelungsworkshop werden die Ergebnisse mehr oder weniger detailliert mit dem Auftraggeber durchgesprochen, damit er den Informationsvorsprung hat.

Ein Rückspiegelungsworkshop dauert 1,5 bis 2 Tage. Nach der Eröffnung durch den Auftraggeber beginnt man mit Containment-Bauen: Was haben die Teilnehmer gehört von der Erhebung? Was hat sich seit den Interviews verändert? Was erwarten Sie vom Workshop? Es soll ein Ja-Setting geschaffen werden, damit die Teilnehmer sich innerlich öffnen können. Dazu würdigt man die Kooperation und erläutert das Vorgehen bei Erhebung und Hypothesenbildung so, dass es nachvollziehbar wird. Die Teilnehmer bekommen die Diagnoseschrift, um sich Notizen machen zu können.

Der Berater stellt die *Hypothesen* vor, was je nach Umfang 1–3 Stunden erfordert. Nach einer Pause werden Gruppen zu 3–5 Personen gebildet, die die Schrift noch einmal durchgehen unter dem Fokus von *Arbeitsfragen* wie:

- Was hat Sie überrascht, neugierig gemacht?
- Was ist auf den zweiten Blick gar nicht so verständlich?
- Wo können Sie gut zustimmen?
- Was ist für Sie jetzt weniger relevant?

Dann tauscht man die Rückmeldungen im Plenum aus und vertieft sie im Dialog.

Wenn die Diagnose zu einer »gemeinsamen Landkarte« geworden ist, auf der sich die Anwesenden orientieren können, schreitet man von der praxisbasierten Theorie zur theoriebasierten Praxis: Es gilt, Stoßrichtungen für die Änderung von Deutungs- und Verhaltensmustern im System zu erarbeiten und daraus eine Roadmap mit Interventionen abzuleiten.

In neu gemischten Gruppen werden *Aufgabenstellungen* bearbeitet wie: »Nach dieser Diagnose ... welche Fragen stellen sich für Sie? Wo sehen Sie die Baustellen? Was sollte sich Ihrer Meinung nach ändern, was sollte so bleiben?« Dieser Auseinandersetzungs- und Willensbildungsprozess ist offen und wird mit klassischer Moderation in einer Abfolge von vertiefenden Kleingruppenarbeiten und plenarem Austausch begleitet.

Im letzten Teil des Workshops wird die *Roadmap* für die folgenden Schritte bzw. Interventionen im Beratungsprozess erstellt. Hier sind die Berater gefragt, mit Expertise voranzugehen, Wissen und Erfahrungen einzubringen und Varianten vorzustellen, wie man »das Pferd aufzäumen« könnte, d. h., wie man die Sache methodisch angehen könnte.

Je nach Komplexität des Projektes kann es dabei um kürzere Einzelmaßnahmen gehen – z. B. eine Teamentwicklung, einen Workshop zum Ausloten von bestimmten Entscheidungsoptionen, ein Projekt zur Entwicklung einer Funktionsstrategie – oder um einen Change-Prozess mit einer mehr oder weniger umfangreichen Architektur.

Zum Abschluss des Rückspiegelungsworkshops wird mit den anwesenden Entscheidungsträgern und Schlüsselpersonen vereinbart, wie abwesende Interviewpartner erfahren können, was mit ihren Informationen geschehen ist. Das wird entweder über die Linie kommuniziert oder z. B. in Form einer Open Hour, zu der die Interviewpartner zusammengerufen und in groben Zügen über Diagnose und abgeleitete Maßnahmen informiert werden. Die Diagnoseschrift soll nicht an Personen außerhalb des Rückspiegelungsworkshops verteilt werden; ohne interaktives Setting lassen sich die Inhalte nicht erschließen.

Nach meiner Erfahrung bleibt es – von den heute seltenen großen Change-Prozessen abgesehen – meist bei isolierten, kürzeren Interventionen. Die Wirkung der rückgespiegelten Diagnose geht allerdings darüber weit hinaus. Das Führungsteam hat eine gemeinsame *Selbst- und Fremdsicht* erarbeitet und Beobachtungskriterien vereinbart, an denen es in Zukunft Entscheidungen ausrichten will. Die Reflexion der eigenen Handlungs- und Deutungsmuster hat eng eingespurte Rekursivität aufgelöst und neue Optionen für Deutungen eröffnet. In der Regel ist ein Team nach einem Rückspiegelungsworkshop in höherem Maß selbst organisierend koordiniert, es erlebt sich als autonomer.

So besteht der Nutzen der Action-Survey-Schleife heute häufig weniger in der Entwicklung einzelner konkreter Handlungsoptionen als hauptsächlich im Reifen eines *neuen Paradigmas für Bedeutungsgebung* und Handeln im System. Mit den neuen Kriterien für die Selbstbeobachtung – mit den Theorien über sich selbst – kommt man wieder eine gute Weile durch die Praxis. Die sich zu einer Spirale verbindenden wiederholten Action-Research-Schleifen finden sich dann eher in der Praxis der Führungsarbeit wieder als in der dauerhaften Begleitung durch Berater.

5 Kommunikation und Interaktion in Gruppen gestalten

Das folgende Kapitel dieses Buches gibt Ihnen grundsätzliche Hinweise für die Gestaltung von Interaktionen in Gruppen.

Beispiele für konkrete Interventionen finden sich z. B. bei Antons (1973) und Königswieser und Exner (1998). Die dort aufgelisteten Beispiele veranschaulichen die Prinzipien für die Gestaltung interaktiver Gruppenprozesse und regen die eigene Fantasie mit in der Praxis bewährten Designs an. Eigentlich sollen Gruppensettings und Interventionen aber immer kontextbezogen und hypothesengeleitet für ein bestimmtes System designt werden. Jedes dieser Gruppensettings ist wie ein kreatives Theaterstück mit Laiendarstellern.

Die vier Grundprozesse

Damit Menschen in interaktiven Prozessen soziale Bedeutungsgebungen dekonstruieren und konstruieren können, gilt es, im Design vier Prozesse zu verknüpfen: die Themenerarbeitung, den Gruppenprozess, den individuellen und den kollektiven Lernprozess. Gute Designs setzen Interventionen, die mehrere Wirkungen auf einmal hebeln.

Hier die vier Prozesse mit ihren Entwicklungslinien.

Der Themenbearbeitungsprozess

Er beginnt mit einer Definition der *Ziele* für den Workshop, die von der zuständigen Führungskraft vorgenommen werden sollte; sie bekommt auch am Ende das Ergebnis übermittelt, so sie nicht ohnedies anwesend ist.

Zu Beginn tauschen die *Teilnehmer* aus, welche *Bedeutung das Thema* für sie hat: Wo gibt es welche Interessenlagen, Erfahrungen, Wissen/Nichtwissen, wie ist die Identifikation mit den Zielen …?

Nun wird die Ausgangslage erarbeitet, d. h., grundlegende Aspekte des Themas mit ihren jeweiligen *Bedeutungslandkarten* werden vergemeinschaftet. Die Fragestellung lautet: Zu welchen Aspekten des Themas müssen wir ein gemeinsames Grundverständnis herstellen?

Wenn diese Grundlagen geschaffen sind, können *Handlungsfelder* bestimmt und ausgewählt werden. Die Fragestellung lautet: Welche Baustellen und Handlungsfelder gibt es auf dem Weg von der Ausgangslage zur Zieldefinition?

Dann kann es an die Erarbeitung von *Problemlösungen* gehen. Die Fragestellung lautet: Was können wir hier tun, wie könnte man das jeweils angehen?

Schließlich geht es um Auswahl und Bewertung der erarbeiteten Optionen und um die Vorbereitung von *Entscheidungen*. Die Fragestellungen lauten: Welche Optionen wollen wir vertiefen bzw. in die engere Wahl ziehen? Was sind Kriterien für die Auswahl und Bewertung von Handlungsoptionen? Nach welchen Entscheidungsprinzipien wollen wir vorgehen (Konsens, Mehrheitsentscheid, Vetorecht, Minderheitsvotum etc.)?

Nachdem Entscheidungen getroffen worden sind, geht es am Ende der Themenbearbeitung um die Frage: Wie verbindlich sind die Entscheidungen, die vereinbarten Maßnahmen? Wie lässt sich *Transfer* in die Praxis herstellen, was muss dazu von wem an wen wie kommuniziert werden?

Der Gruppenprozess

Er beginnt mit dem *Kennenlernen der Personen*, ihrer Absichten, Wünsche, Betroffenheiten im Hinblick auf das Thema, damit die Grundlagen für Containment, Vertrauen und Kooperation hergestellt werden. Dann benötigt die Gruppe ein Bild von ihren Ressourcen, d. h. von den strukturellen Unterschieden und den potenziellen Beiträgen zur Problemlösung und Zielerreichung, die damit einhergehen.

Die wesentliche Stellgröße für einen produktiven Prozess sozialer Bedeutungsgebung ist das Ausmaß an *Face-to-Face-Interaktion*; Menschen erkennen die jeweiligen »Relevanzen« der anderen, wenn sie Zugang zu nonverbaler und neuronaler Information haben, und können dann leichter aneinander anschließen. Sehen und Gesehenwerden reichert die Basis für Bedeutungsgebung an.

Die vier Grundprozesse

Jede Gruppe muss *Verhaltensnormen* entwickeln, die zu ihrer Aufgabe, zu ihrem Zweck passen.

Ein Entwicklungsteam braucht hohe persönliche Autonomie- und Freiheitsgrade, ein anderes Team eher Disziplin und Verlässlichkeit; eine Taskforce hat strenge Zeit- und Effizienznormen, das Innovationsteam braucht Kreativität und Flow, das Prozessoptimierungsteam wird sich Systematik und methodisches Vorgehen verordnen.

Gewisse Normen braucht jedes Team, um komplexe Aufgaben lösen zu können: einander zuhören, aneinander anschließen, demokratischen Zugang zum Wort, Respekt vor Minderheitsmeinungen, Ausdauer, Vertraulichkeit in bestimmten Dingen usw.

Die Gruppe entwickelt Wir-Gefühl und Zusammenhalt, auch *Kohäsion* genannt; herausfordernde Problemstellungen brauchen entsprechende »Ich-Stärke« der Gruppe. Kohäsion wächst mit Erfolgserlebnissen und erodiert bei zu viel Misserfolg und Problemfokus. Spürbare Außengrenzen fördern Kohäsion – deshalb geht man ja meist an einen fremden Ort –, das Anstacheln von Konkurrenz zersetzt Wir-Gefühl. Kohäsion ist ein zweischneidiges Schwert: Zu viel davon fördert blinde *Konformität* und Gruppendruck nach innen, Widersprüche und Minderheitsmeinungen fallen unter den Tisch. Die Moderation muss einen achtsamen Blick auf diese Dinge haben und gegensteuern.

Der individuelle Lernprozess
Es braucht eigene Zeiten und Erfahrungsräume dafür, individuelles Lernen aus der Komplexität der Situation herauszuheben, zu konsolidieren, damit es später *verhaltenswirksam* werden kann.

Individuelles Lernen wird markiert mithilfe von Arbeitsfragen wie: Was hat mich überrascht, neugierig gemacht, neue Erkenntnisse gebracht? Wo haben sich meine Sichtweisen verändert? Wie vergleiche ich mich mit anderen? Was ist für mich das Fazit? Was bedeutet das für die nächsten Schritte für mich? Wie habe ich das Klima und die Zusammenarbeit erlebt?

Dabei geht es um die *eigene Stellung im System:* Wie sieht meine Interessenlage im Konzert der anderen Interessenlagen aus

(Minderheits- oder Mehrheitsposition, wer unterstützt mich ...)? Wer steht hier wie zu wem? Was ist meine Stellung im sozialen System? Zentrum oder Peripherie? Sind Schutz, Sicherheit, Anerkennung gewährleistet?

Man wird sich der eigenen *Erfahrungen* und *Ressourcen*, Stärken und Schwächen bewusst: Welche Erfahrungen habe ich, haben die anderen gemacht? Welche unterschiedlichen Kenntnisse, Skills, Wissen über Zusammenhänge gibt es?

Man bekommt *Feedback*: In welche Gesamtzusammenhänge sind meine Rolle und mein Handeln im Unternehmen eingebunden? Welche Bedeutung haben meine Tätigkeiten für die anderen und für das Gesamtergebnis? Wie sind die anderen mit mir zufrieden, was erwarten Sie von mir? Was will ich von den anderen?

Man erweitert *Perspektiven*: Was sind die übergeordneten Zusammenhänge? Was verändert sich? Wie bin ich davon betroffen? Wie werden sich die Dinge weiterentwickeln? Welche Perspektiven tun sich für mich auf?

Mithilfe solcher Wahrnehmungsfokusse beobachtet das Individuum sich selbst und die anderen während der vielen Interaktionen. Die Moderation unterstützt den individuellen Lernprozess durch das Angebot vielfältiger Interaktionssettings, die Personen *aktiv mitgestalten*, durch Settings, in denen der Einzelne *Ansehen* und *Aufmerksamkeit* bekommt, und durch Settings, in denen er sich zurückziehen und über den Prozess *reflektieren* kann.

Der kollektive Lernprozess

Die Summe individuellen Lernens ergibt noch kein kollektives Lernen; eben weil die Person Umwelt der Kommunikationsmuster ist, kann sie diese nicht einfach kraft Person verändern. Kollektives Lernen entsteht in gemeinsamen Aushandlungsprozessen mit den Stellgrößen:

- *Von der Fragmentierung zum Containment*: Wer ist das Kollektiv? Was sind die kollektiven Absichten, Anliegen, Bedürfnisse? Was sind die kollektiven Annahmen, mentalen Modelle, Überzeugungen, wie die Dinge zusammenhängen? Welche Bedeutung hat das Kollektiv für die Organisation? Was sind die zukunftsrelevanten Fragen für das Kollektiv?

- *Sichtweisen vergemeinschaften*: Welche unterschiedlichen Sichtweisen gibt es bezüglich des Themas? Welche Erfahrungen, Vermutungen? Welche Interessenlagen gibt es, und wie hängen sie mit den Strukturen und Subgruppen zusammen? Was ist gemeinsam, was unterschiedlich, wo sind konfligierende Interessenlagen?
- *Informationen und Wissen herstellen*: Wo fehlt Faktenwissen? Wie ist das Wissensgefälle? Wie hängt es mit Strukturen und Subgruppierungen zusammen? Wo fehlt es am Wissen über Zusammenhänge oder am Detailwissen? Wie können die Teilnehmer Vorstellungsvermögen hinsichtlich zukünftiger, noch nicht vorhandener Dinge entwickeln? Wird der Unwissenheit gebührend Respekt gezollt?
- *Neue Unterscheidungen markieren*: Was hat überrascht, neugierig gemacht, neue Erkenntnisse gebracht? Wo haben sich Sichtweisen verändert? Was haben wir über die Strukturen des Systems gelernt? Wie ist der Umgang miteinander? Nach welchen Regeln laufen die Dinge ab? Wie vergleicht sich das Kollektiv mit dem Außen, wie wird es vom Außen wahrgenommen? Welche neuen Fokusse für die Selbstbeobachtung als Kollektiv werden angelegt?

Von Gruppen und Modi der Kommunikation

Das Hauptinstrumentarium für die Gestaltung von Prozessen interaktiver Bedeutungsgebung ist das Arbeiten in unterschiedlichen sozialen Formen und Settings (siehe auch Königswieser u. Exner 1998, S. 33 ff.), die jeweils andere Funktionen haben und andere Grunddynamiken fördern (siehe Abb. 15).

Dyaden und Triaden sind geeignete Formen für frühe Phasen des Containment-Bauens und für Schritte im individuellen Lernprozess. Sie bieten einen geschützten Rahmen persönlicher Zuwendung und haben familienähnliche Dynamiken, in denen Beziehungsnormen überwiegen.

Die *Workshopgruppe* mit 10–16 Personen ist das Forum für Reflexion und Willensbildung, hier werden Informationen zusammengetragen und Aufträge vergeben. Die inhaltliche »Tiefbohrung« findet in *Kleingruppen* mit 4–8 Personen statt; diese

5 Kommunikation und Interaktion

Gruppen haben genug Vielfalt in ihren Ressourcen und bieten einen Rahmen, in dem der Einzelne intensiv in Kommunikation eingebunden ist. Kleingruppen und Workshopgruppen verstehen sich aufgabenbestimmt und entwickeln passende Leistungsnormen.

○○	**die Dyade:** rasche Annäherung, Intimität, schließt sich leicht ab	familienähnliche Dynamiken
○ ○ ○	**die Triade:** Intimität, Koalitionen, instabil, vorübergehende Arbeitsform	
○○ ○ ○ ○	**Arbeitsgruppe (4–8 Personen) zur Vertiefung / für Problemlösungen:** große Offenheit, Peergroup (Sozialisation)	Organisations-Dynamiken
○○○○ ○○○○	**Workshopgruppe (10–16 Personen) für grundlegende Fragestellungen:** weniger Offenheit, viele Ressourcen, Gruppenvorteil, Problemlösungen	
○○○○○○○○○○○○○○○○○○○○	**die Großgruppe:** mehr als 20 Personen; Öffentlichkeit, Zugehörigkeit zur Organisation erleben; Vernetzung, Energie, Emotionalisierung; effektive, schnelle Information	Community-Dynamiken

Abb. 15: Funktionen und Grunddynamiken von Gruppen (weiterbearbeitet nach Königswieser u. Exner 1998, S. 32–34)

Großgruppen entwickeln eine eigene Emotionalität aufgrund der Tatsache, dass die Teilnehmer ihre Zugehörigkeit zum Ganzen erleben, das bringt Energie und Affektlagen, die sich blitzschnell ausbreiten können. Stereotypbildung, Regressionstendenzen, Verantwortungsdiffusion durch Anonymität, Strohfeuer der Begeisterung mit schalem Nachgeschmack sind klassische Risiken für Großgruppen. Die Moderation ist gefragt, immer wieder Differenzierung herzustellen, Minderheitsmeinungen Platz zu geben, Verantwortungen zu klären und für einen profunden Transfer, für die Nachhaltigkeit der Ergebnisse zu sorgen.

Großgruppenveranstaltungen, die Kraft hinsichtlich sozialer Bedeutungsgebung entwickeln, sind eigentlich aufsummierte Kleingruppen: Die Arbeitssettings bestehen zum Großteil aus Face-to-Face-Gruppen von 8–12 Personen, die untereinander

Themen bearbeiten und in dialogischer Form untereinander vernetzt sind. Max-mix-Gruppen sind nach den relevanten Strukturmerkmalen des gegebenen Systems zusammengesetzt und bilden einen Mikrokosmos ab; so sitzen z. B. an jedem Tisch Vertreter von Vertrieb, Produktion, IT, HR, Betriebsrat usw. – je nachdem, welche Perspektiven für das Beratungssystem konstitutiv sind. Heimatgruppen sind homogen in Bezug auf ein Strukturmerkmal, z. B. die Zugehörigkeit zu einer Funktion; so bilden die Vertriebler, die Produktionsleute, die ITler usw. jeweils eine Gruppe.

Modi der Kommunikation – Wann wie kommunizieren?
Zu verschiedenen Phasen sollten unterschiedliche Kommunikationsformate eingesetzt werden: der *Dialog* in den Phasen der Vergemeinschaftung und des Hinterfragens eines Themas, das *Plädieren* in Phasen der Optionenauswahl, das *Diskutieren* bei der Festlegung von Entscheidungen (siehe Abb. 16).

Abb. 16: Mögliche Gesprächsformen und -verläufe (Isaacs 2002, S. 48)

Im Verständnis von Isaacs ist der Dialog nicht ein Zwiegespräch, sondern mit dem Palaver des Stammesrates am Lagerfeuer zu vergleichen. Man erkundet teilbekanntes oder unbekanntes Territorium und verlässt dabei die Autobahnen der eigenen Rekursivität. Man geht in eine fragende, suchende Haltung, versucht, die Stimmen, die uns bekannte Deutungsmuster einflüstern, auf Abstand zu halten. Vom Anliegen des tiefen Verstehens geleitet und gegen die Routinen sozial erwünschter Kommunikationsanschlüsse, spricht man laut denkend in die Mitte – und erlebt so bald ein »freies Fließen von Sinn«, das bereichernd und zutiefst zufriedenstellend ist.

Es ist Aufgabe der Moderation, den Rahmen für diesen Kommunikationsmodus bereitzustellen. In Dialogphasen kommt Vieldeutigkeit auf, die Komplexität steigt. Das ist angemessen dafür, das Thema auszudifferenzieren. In den späten Phasen der Moderation, wenn Optionen gewichtet, bewertet, ausgewählt werden sollen, gilt es, den Modus der Diskussion zu verfolgen, in dem wir gut geübt sind.

Ein wichtiger Beitrag zum Containment in all diesen Phasen ist die Visualisierung: das wörtliche Mitschreiben der Beiträge – lieber zu viel als zu wenig. Der Moderator kann sie dann immer noch im Nachhinein zu einer Mindmap verdichten.

Das Design von Interaktion in Gruppen

Das Design soll die vier Prozesse – den Themenprozess, den Gruppenprozess, den individuellen und den kollektiven Lernprozess – in ihren Entwicklungsdynamiken miteinander verweben und synchronisieren. Es gibt Hebelpunkte für die Gestaltung von Interaktionen in Gruppen, die mehrere Prozesse gleichzeitig anspielen oder einfach die Wirkung von konkreten Interventionen erhöhen.

Leitfaden für die Designarbeit

In der Vorbereitung wird das Thema von der Ausgangslage bis zu den Zielen »gespannt«. Die Hauptschritte der Themenentwicklung werden abgegrenzt. Jeder Baustein bekommt ein Zeitbudget. Es hilft, nach der Bergsteigerperspektive vorzugehen: vom Ziel aus abwärts planen – oder von beiden Seiten zur Mitte hin.

Wenn eine Gruppe ein komplexes Thema bearbeitet, braucht es *viele Schleifen* – für die Sammlung von Informationen, die Begriffsklärung, die Erkundung von Zusammenhängen; das benötigt oft mehr als die Hälfte der Gesamtzeit. Es hat wenig Sinn, hier zu sparen, denn ein tiefes und geteiltes Problemverständnis ist die Grundlage für Vertrauen und für spätere Entscheidungen.

Der erste Schritt ist das *Containment*: Die Ziele des Workshops, ihre Bedeutung für die Teilnehmer, ihre Anliegen, Ressourcen, Erfahrungen, Wünsche an den Verlauf und die Ergebnisse des Workshops stehen im Mittelpunkt.

Design von Interaktion

Dann wird das Thema erschlossen. In dieser *Phase der Landkarten* empfiehlt sich eine Abfolge von Plenums- und Kleingruppenarbeiten jeweils mit Plenumsaustausch. In dieser Phase sollten die Kleingruppen eher nach dem Max-mix-Prinzip gebildet werden. Man sollte die Gruppenzusammensetzung immer wieder neu mischen, damit bald alle einmal mit allen zusammengearbeitet haben. So lernt jeder jeden einschätzen; die ganze Gruppe bekommt mehr Sicherheit.

Wenn es Skepsis und Widerstand gibt, empfiehlt sich das Arbeiten mit *komplementären Fragestellungen* – z. B: Was sind die Erfolgsfaktoren, die uns weiterbringen werden? Und: Was können wir tun, um die Sache an die Wand zu fahren? Denn Menschen können nicht an Aufgabenstellungen arbeiten, wenn sie innerlich im Widerstand sind und ihr Erfahrungsgedächtnis »Verweigern« funkt; sie würden nur die anderen Gruppenmitglieder stören. Mithilfe komplementärer Fragestellungen kommen sie in eine Affektlage der Zustimmung und Kooperationsfähigkeit; so können sie ihre Wahrnehmungen und ihre Energie für das Thema einbringen und »produktiv stellen«. Sie werden nicht sozial ausgegrenzt, was das gesamte System belasteten würde. Vielmehr kommen sie in ihren Gruppenarbeiten erfahrungsgemäß auf dieselben Problemdimensionen zu sprechen wie die anderen Gruppen.

Max-mix-Gruppen haben alle eine ähnliche Perspektivenvielfalt; die Ergebnisse der Gruppenarbeiten untereinander sind ebenfalls sehr ähnlich. Dadurch erhält die Gesamtgruppe eine Wahrnehmung von sich selbst, die ein Gefühl von Gemeinsamkeit und Stärke auslöst – was gerade in den Anfangsphasen komplexer Problemlösungen die Zuversicht stärkt. Dort würde das Gefühl, dass jeder und jede die Dinge völlig anders sehen und angehen würde, Unsicherheit und Angst auslösen und einen rekursiven Kreislauf von Überforderung und Fragmentierung in Gang setzen.

Nach der Phase der Landkarten braucht es einen *Anker für den individuellen Lernprozess*, eine Möglichkeit, das Erfahrene für sich zu reflektieren: Was hat sich bewegt, verändert? Wie geht es einem damit? Möglicherweise ist ein Unfreeze eingetreten, die eigenen Überzeugungen werden unscharf und kommen ins Driften. – Solche Fragen sollten in Dyaden oder Triaden im Modus wechselseitiger Interviews mit aktivem Zuhören bearbeitet werden oder in Einzelarbeit: Man kann das Setting wechseln, Spaziergänge im Freien oder Musik einsetzen.

Hier braucht es auch eine *Zäsur für den kollektiven Lernprozess*: Man kann beginnen bei freiwilligen Blitzlichtern zu den individuellen Lernerfahrungen. Oder einfach mit Fragen wie: Was heißt das bislang Bearbeitete für uns? Wie sind wir unterwegs? Wo sind die größten Gemeinsamkeiten, die größten Unterschiede? Was hat überrascht, neugierig gemacht? Auch hier soll ein Unfreeze kollektiver Überzeugungen auf der Metaebene angesprochen werden können: So kommen wir nicht mehr weiter, da müssen wir uns ändern ...

Erst wenn ein Verständnis in Bezug auf das Problemsystem und die grundlegenden Dynamiken erarbeitet ist, kann die Gruppe in die *Phase der Problemlösungen* gehen. Inzwischen sollte jeder einmal mit jedem in einem intensiven Face-to-Face-Austausch gewesen sein. Die Gesamtgruppe sollte so weit integriert sein, dass jeder das Gesamte mitdenken kann; als Folge sollte eine Vertrauensbasis in der Gruppe entstanden sein, die es nun möglich macht, entweder in Max-mix-Gruppen *arbeitsteilig* Themen zu bearbeiten – hier holt man Zeit auf –, oder man erarbeitet *parallele Fragestellungen* gezielt aus den Perspektiven von Heimatgruppen. Die Ergebnisse zwischen den Gruppen sind dann merkbar unterschiedlich, was erwünscht ist: Man will ja wissen, was z. B. eine bestimmte Strategie für Marketing, Produktion, HR usw. für Folgen bringen würde.

Auch nach diesen Schritten sollte es wieder eine Ankerung mit Reflexion des individuellen und kollektiven Lernprozesses geben: Was bedeutet das Erarbeitete für das eigene Selbst- und Rollenverständnis? Für das Kollektiv? Wie zufrieden ist man? Findet man die eigenen Interessen und Anliegen wieder? Bringt das alle weiter?

In der *Phase des Entscheidens* geht es darum, *Optionen* auszuwählen, nachdem vorher die *Entscheidungsprinzipien* vereinbart worden sind: Konsens, Mehrheit, Vetorecht, Minderheitenstellung ... In dieser Phase ist Diskussion bzw. das Plädieren für Lösungen angebracht. Hier kann man Punktfragen oder Aufstellungen im Raum einsetzen, um Entscheidungspräferenzen zu zeigen.

Sind Problemlösungen verabschiedet, Entscheidungen getroffen, braucht es eine Schließung der Gestalt für den individuellen

Design von Interaktion

Lernprozess: Was nehme ich mit? Was hat sich für mich verändert? Und für den kollektiven Lernprozess: Wie war die gemeinsame Arbeit? Wie hat man Unterstützung und Kooperation erlebt? Was bringen die erarbeiteten Lösungen dem System? Woran werden Außenstehende die Veränderungen merken?

Jetzt kann überprüft werden, wie verbindlich diese getroffenen Entscheidungen, die vereinbarten Maßnahmen sind, wie viel *Commitment und Handlungsorientierung* daraus für die jeweiligen Betroffenen entstanden ist.

Am Abschluss stehen die Maßnahmen für den *Transfer* der Ergebnisse: die To-do-Liste mit Tätigkeiten, Verantwortungen und Deadlines, die Vereinbarungen über die Kommunikation der Ergebnisse, die Vereinbarungen über nächste Schritte.

Hebelpunkte für die Gestaltung interaktiver Settings
Moderationsdistanz beachten: 8 Meter sind das Limit für intensive Face-to-Face-Kommunikation; danach wird es schwierig, Kontakt über visuelle, verbale, nonverbale und neuronale Kanäle zu halten.

Face-Faktor maximieren: Ansehen und Gesehenwerden sind die sozialen Prozesse, die biochemische Motivationscocktails produzieren (Bauer 2006), aktive Zuwendung ist eine Quelle für Relevanz und Sinngebung. Arbeitssettings sollten deshalb den Face-Faktor optimieren.

Statt eines sozial völlig verarmten Kinobestuhlungssettings, wo die ersten fünf Reihen in ein einziges Gesicht (des Vortragenden) blicken und hoffen, von ihm gesehen zu werden, wo alle Dahintersitzenden ins soziale Koma der Langeweile fallen, sollte man – wie es die Kirche gut kann – Halbkreise mit Kirchenschiffen um eine Bühne herum schaffen. Bei kleinerer Teilnehmerzahl ist der Kreis die perfekte Form: Jeder kann jeden sehen und wird von jedem gesehen, Äquidistanz wird als Norm eingeschmuggelt.

Der Anfang prägt – am Anfang prägen: Die ersten 30 Minuten des Workshops prägen Erwartungen und Verhaltensmuster. Statt hier eine langweilige Vorstellung der Moderatoren und eine redundante Agendapräsentation herunterzubeten – was alle zu ihren Blackberrys und iPhones treibt –, statt Vorstellungsrunden mit Beeindruckungs- und Allianzenbildungsritualen zu zelebrieren, sollte der Start gleich interaktiv mit menschlicher Begegnung gestaltet werden; z. B. in Dyaden oder Triaden, in denen die Teilnehmer einander gezielt nach Containmentfragen interviewen und nachher ihren Interviewpartner vorstellen. Oder mit einem Setting, bei dem sich kleine Gruppen austauschen und dann Blitzlichter ans Plenum geben. Mit solchen Übungen gibt man jedem zu Beginn das Wort und die Erfahrung, dass ihm zugehört und sein Anspruch auf Wertschätzung bestätigt wird. Man schmuggelt Normen in die Gruppe: den demokratischen Umgang mit Zeit, Aufgaben- und Leistungsorientierung, zuhören und Aufmerksamkeit schenken, sich offen äußern, den anderen mitdenken und für ihn sprechen, Muster in den Blitzlichtern reflektieren usw. Gleichzeitig entsteht in einer solchen zirkulären Vorstellungsrunde ein Bild von den Anliegen und Sinnstrukturen des Kollektivs; man weiß, wo man ist und mit wem man es zu tun hat.

Fragen, Feedback und Aufstellungen sind die kräftigsten Settings, in denen sich Personen in ihren Rollen und in der Systemdynamik erleben.

- Führungskräfte wirken ungleich glaubwürdiger, wenn sie befragt werden, statt Folien zu präsentieren. Der Blick der anderen geht nicht auf die helle Leinwand, sondern in ein nachdenkliches Gesicht, das die Spiegelneuronen der Betrachter unmittelbar ins Schwingen bringt und koordiniert.
- Feedbackbekommen ist noch immer der elektrisierende Kick fürs Lernen; Feedbackgeben ist soziale »Fellpflege«. Angemessene Übungen mit professioneller Anleitung für das Geben und Nehmen von Feedback lassen sich fast immer in kürzerer oder längerer Form und in Verbindung mit dem Themenprozess einrichten.
- Aufstellungen im Raum können die Standpunkte von Personen analog abbilden, z. B. wenn es am Ende eines Workshops um das Commitment geht oder auch unterwegs, wenn man Standpunkte abfragt. Die Bilder, die dabei entstehen, versorgen uns mit reichhaltigen Szenarien aus dem Erfahrungsgedächtnis. Einen Standpunkt zu beziehen bekommt eine ganz andere Bedeu-

tung, wenn sich man sich in Beziehung zu anderen hinstellt, als wenn man Klebepunkte auf das Flipchart drückt. Eine Minderheitsposition neben der Punktewolke auf Papier wird meist ausgeblendet; eine Person, die sich abseits von den anderen aufstellt, erregt hingegen spontan Neugierde und Aufmerksamkeit.

Reichhaltige Zugänge zum Thema: Schließlich sollten neben kognitiven auch affektive Zugänge zum Thema gebahnt werden: durch Bilder, Metaphern, Storytelling und -making, analoge Interventionen wie Sketche, Briefe aus der Zukunft usw., durch die richtige Mischung von Spaß und Ernst, Konzentration und Entspannung, Problem- und Lösungsfokus.

Wechsel zwischen Arbeitsformen: Die soziale Form – Einzelarbeit, Dyade/Triade, Kleingruppe, Plenum – sollte der Aufgabenstellung angemessen sein. Plenare Einheiten können zu lang werden und die Teilnehmer passiv stellen; es braucht die richtige Abfolge unterschiedlicher Arbeitsformen. Eine gezielte Gruppenbildung sorgt für soziale Durchmischung; bis zum Nachmittag des ersten Tages sollte jeder einmal mit jedem *face-to-face* gearbeitet haben. Auch der räumliche Wechsel unterstützt das Unfreeze: der Wechsel der Sitzplätze, der Präsentationsrichtung usw.

Angemessene inhaltliche Dichte und Komplexität: Das Leben in Organisationen hat sich in den letzten 15 Jahren radikal intellektualisiert, Reflexion ist Alltag. Bestimmte Formen – z. B. eine Kartenabfrage, mit der man die Erwartungshaltungen bestimmt – sind heute zu redundant, zeitraubend und schlicht unzumutbar. Trotzdem ist die Kartenabfrage die unverzichtbare Form, mit der sich die berühmten Landkarten der Gruppenwahrnehmungen zu Themen herstellen lassen. Es empfiehlt sich z. B., im Vorfeld einen Fragebogen zu mailen und Erwartungen, aber auch Antworten zu grundlegenden inhaltlichen Aspekten zu erfragen. Die Antworten werden im Vorfeld für jede Frage zusammengeführt, nach Inhalten geclustert und auf A0-Charts geplottet. Zu Beginn eines Seminars bzw. eines Themenabschnitts gehen die Teilnehmer zu zweit durch die »Vernissage«, ergänzen vielleicht das Gesamtbild der Antworten noch etwas; und tauschen im Plenum aber nur Blitzlichter bezüglich der Antwortmuster aus. So wird die gemeinsame Zeit genutzt für Interaktionen mit Bedeutungsgebung.

6 Die Architektur von Beratungsprozessen

Die Architektur eines Beratungsprozesses beschreibt die *sozialen, inhaltlichen und zeitlichen Räume* – die über einen Zeitraum angelegt sind –, in denen diejenigen *Interaktionen* stattfinden, die dem Zweck des Veränderungsprozesses dienen.

Königswieser und Exner (1998, S. 47 ff.) haben die Metapher der Architektur gewählt, weil sie den *Berater als Baumeister* verstehen: »[...] er vereinigt Kunst, Technik und Wissenschaft. Er plant und gestaltet Räume aller Art [...].« Das folgende Kapitel beschreibt die Unterschiede zwischen einer Beratungsarchitektur und klassischem Projektmanagement sowie die Funktionen und die wesentlichen Elemente von Beratungsarchitekturen.

Unterschiede zwischen Beratungsarchitektur und klassischem Projektmanagement

Bei der Entwicklung einer Beratungsarchitektur geht es eigentlich darum, Auftrag und Ziele eines Beratungsprozesses zu übersetzen in die Frage: *Wer muss wann mit wem worüber reden?* Jeder Beratungsprozess muss gezielt Kommunikationsräume organisieren, denn ansonsten würde die Kommunikation in den Bahnen der Regelkommunikation ablaufen; diese folgen der Linienstruktur und perpetuieren die Kommunikationsanschlüsse für Problemlösungen von gestern. Beantwortet man – z. B. für einen Merger-Prozess – die Frage »Wer muss wann mit wem worüber reden?«, damit bestehende Mindsets expliziert werden können, Kommunikationsmuster sich auflösen, neue emergieren und sich festigen können – kurz: damit Change stattfinden kann –, dann gelangt man zu einer Menge von »Kommunikationspaketen«. Diese Kommunikationspakete hängt man – wie in einem Projektstrukturplan – in einer Zeitachse ein. Trotz einiger Parallelen gibt es aber wesentliche Unterschiede zwischen klassischem Projektmanagement und einer Beratungsarchitektur.

Die Unterschiede zum klassischen Projektmanagement bestehen darin:

- dass es in der systemischen Organisationsberatung nicht nur um inhaltliche Problemlösungen geht; diese sind umgekehrt lediglich ein Architekturelement. Es geht um kollektive Sinngebungs- und Deutungsmuster, die oft einmal erst aufspuren, was überhaupt als inhaltliches Problem definiert wird;
- dass in jedem sozialen Raum, d. h. in den Gruppen, vier für Sinngebungsprozesse zentrale Perspektiven zusammenkommen, die Königswieser und Exner (1998, S. 62) »Kapitalformen« für Veränderungsprozesse nennen: Betroffenheit; (fachliches) Know-how; Entscheidungsmacht und informeller Einfluss; Vertrauenswürdigkeit und Akzeptanz bei anderen;
- dass die Kommunikation in diesen Gruppen beraterisch gezielt – durch entsprechende Designs und technische Interventionen – begleitet wird.

Ein weiterer elementarer Unterschied besteht zwischen der Philosophie des Projektmanagements und dem Selbstverständnis systemischer Beratung. Das klassische Projektmanagement geht von Planbarkeit, Machbarkeit und dem mentalen Modell eines mehr oder weniger linearen Fortschritts in der Umsetzung eines Projektes über die Zeit aus.

Der systemische Beratungsansatz ist skeptisch gegenüber »Machbarkeitsfantasien« und versteht die eigenen Maßnahmen wiewohl theoriegeleitet und begründet gesetzt – grundsätzlich nur als Verstörungsversuche eingespielter Systemmuster.

Fortschritt in einem Veränderungsprozess verläuft nach der lewinschen Formel von Unfreeze – Move – Freeze in unterschiedlichen Energiemustern. Dabei geht es um eine Abfolge von Affektlagen, die meist mit der Psychodynamik der »Verarbeitung schlechter Nachrichten« verglichen wird, wo Schock, Aufbegehren, rationale Akzeptanz, Trauer und schließlich Neuorientierung aufeinanderfolgen. Mit dieser Psychodynamik hinterlegt, wird Lewins »Hockeyschlägerkurve« (Staehle 1999, S. 592), die den typischen Leistungsabfall und späteren Leistungsanstieg des Systems in Change-Prozessen beschrieb, zur »Change-Kurve« (Streich 1997, S. 243), die heute Grundlage vieler Change-Seminare ist.

6 Die Architektur von Beratungsprozessen

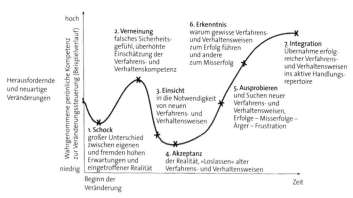

Abb. 17: Energiemuster und Systemleistung in Change-Prozessen – die Hockeyschlägerkurve von Lewin und die Change-Kurve von Streich (nach Staehle 1999, S. 592 und Streich 1997, S. 243)

Bis sich Verhaltensmuster in einem System auf neue Attraktoren einschwingen, gibt es häufig lange Phasen, in denen keine Veränderungen sichtbar sind, bevor sich plötzlich schubweise neue Verhaltensmuster manifestieren. Dahinter liegt der Funktionsmodus komplexer Systeme, in denen sich stetig kleine Abweichungen aufschaukeln und nach einer Turbulenz- und Chaosphase ein neues Funktionsmuster emergiert.

Der größte Unterschied zwischen klassischem Projektmanagement und einer systemischen Organisationsberatungsarchitektur besteht aber darin, dass das Projektmanagement seinen Gestaltungsgegenstand in inhaltlichen, technischen Problemlösungen sieht – auch wenn es in Projekten immer wieder »menschelt«. Im systemischen Beratungsprozess ist der *Gestaltungsgegenstand* die *soziale Interaktion*: Bevor Kollektive ihre Sinngebungs- und Deutungsmuster verändern und bislang unbekannte Zusammenhänge durchdringen und verstehen können, muss Vertrauen aufgebaut werden – durch Symmetrie in den Beziehungen und viel »Face«. Change findet nicht per E-Mail-Aussendung statt; ohne vertrauensvolle soziale Interaktion werden die E-Mail-Adressaten später immer schwören, dass sie nicht informiert wurden.

Was sind nun im Einzelnen die Funktionen des Beratungsprozesses, und welche Architekturelemente kann man einsetzen, um sie umzusetzen?

Funktionen von Architektur

Königswieser und Exner (1998, S. 49) beschreiben die Funktionen von Architektur so:

> »[…] es werden Strukturen für Prozesse geschaffen. Mithilfe ungewohnter Elemente sollen Energien im System freigesetzt werden, die neue Optionen schaffen, die so in der gewohnten Organisation nicht möglich wären […]. Gute Architekturen von Beratungsprozessen erleichtern also neue Sichtweisen, ermöglichen vielfältige Perspektiven […], führen neue Unterschiede ein […] und eröffnen Beobachtungs- und Reflexionsmöglichkeiten. Dadurch werden Unterbrechungen von Mustern erleichtert, Gesamtentwicklungen gefördert, das Lernen und die Selbststeuerung werden beschleunigt.«

Folgende Funktionalitäten sollten in einem Beratungsprozess angelegt sein:

- Kontakt mit und Austausch zu verschiedenen Sichtweisen im System herstellen
- authentische Kommunikation ermöglichen, damit Vertrauen entsteht und eine Beziehungsgrundlage, die es ermöglicht, schwierige, neue Inhalte zu verstehen

- Unterschiede zu bisherigen Vorgehensweisen, Kommunikationsformen, Interpretationen machen, symbolisches Management
- Räume für neue Erfahrungen eröffnen, die emotional berühren und neue Relevanzen für Erfahrungsverarbeitung und Sinn eröffnen
- Beteiligungsprozesse organisieren, die die Definition oder Lösung von Problemen betreffen
- Informationen verteilen und für ihre Rekonstruktion bei den Empfängern sorgen
- Feedbackprozesse organisieren
- das Systemverhalten reflektieren
- Entscheidungen über Lenkungseingriffe im Prozess treffen
- neue Skills und Verhaltensmuster lernen
- inhaltliche Problemlösungen erarbeiten.

Eine gute Architektur ...

- setzt auf der spezifischen Systemrationalität auf und »segelt mit dem Wind«
- fördert Lernen in Organisationen
- führt neue Unterschiede ein
- ermöglicht Perspektivenvielfalt
- fördert Selbstbeobachtungs- und Reflexionsschleifen
- erleichtert Musterunterbrechungen
- deblockiert Energieströme
- nutzt die Kraft der Symbolik

5 Funktionen einer Architektur:

- Diagnosefunktion
- Steuerungs- und Entscheidungsfunktion
- Arbeitspakete, Problemlösungen
- Informations-, Kommunikations- und Involvierungselemente
- Reflexions- und Lernfunktion

Abb. 18: Funktionen einer Beratungsarchitektur

Die Hauptaufgabe der Architektur ist die *Steuerung des Veränderungsprozesses* nach einem systemischen Steuerungsmodell. D. h., die Architektur legt zwar einerseits Räume fest; das ist im Sinn einer mittelfristigen Ressourcenplanung auch nötig, denn kurzfristig kann man neben dem Tagesgeschäft die Leute nicht zusammenbringen. Sie arbeitet aber trotzdem nicht mit einem linearen, sondern mit einem *rollierenden* Steuerungsmodell nach der Form der *systemischen Schleife*.

Dazu gibt es Gremien, wie z. B. eine Steuergruppe oder ein Change-Team, die regelmäßig Daten erheben und interpretieren, Optionen für die weitere Prozessgestaltung entwickeln und Steuerungsimpulse setzen. Damit sie dies tun können, braucht es Architekturelemente, die Feedbackprozesse organisieren, d. h. über die Wirkungen von vorher gesetzten Steuerungsimpulsen berichten.

Wie die einzelnen in der Architektur angelegten Räume – z. B. eine geplante Großveranstaltung – letztlich wirklich genutzt werden, wird zeitgerecht davor entschieden. Entweder bestätigen sich die Hypothesen, die beim Erstdesign des Beratungsprozesses zugrunde gelegt wurden, oder die Einschätzung hat sich inzwischen geändert. Dann wird es entweder eine Frage des Designs, wie ein geplanter sozialer Raum genutzt wird, oder die Intervention – z. B. eine Großveranstaltung – wird abgesagt.

Elemente der Architektur von Beratungsprozessen

Zwei Elemente jeder Beratungsarchitektur wurden bereits behandelt:

- die *Diagnose* durch Interviews oder sonstige Methoden der Datenerhebung
- und der *Rückspiegelungsworkshop*.

Die Funktion der Prozesssteuerung kann durch unterschiedliche Architekturelemente organisiert werden.

In kleineren Projekten ist es meist die *Steuergruppe* oder das *Kernteam*, wo alle Fäden zusammenlaufen und der Beratungsprozess mit seinen Beteiligungs- und Kommunikationsprozessen gesteuert wird. Die Steuergruppe hat dann 3–6 Mitglieder, die sich die Aufgaben – z. B. die Betreuung bestimmter Arbeitspakete oder die Kontakte zu bestimmten relevanten Umwelten – aufteilen.

Bei umfangreichen Veränderungsprozessen gibt es eine Anzahl größerer Projekte, in denen inhaltliche Problemlösungen erarbeitet werden. In der Regel sind die Leiter dieser Subprojekte zugleich

Mitglieder der Steuergruppe. Solche Steuergruppen sind idealerweise 6–8 Mitglieder, de facto mitunter 12–15 Mitglieder stark oder noch größer; ihre wesentliche Aufgabe ist das Fortschritts-Monitoring der Subprojekte und die Koordination der einzelnen Problemlösungen.

Nehmen wir das Beispiel des Merger-Prozesses, bei dem eine Fülle von Problemlösungen in Subprojekten erarbeitet werden muss: die Harmonisierung der IT-Welten, Auswahlprozesse für die Besetzung von Führungspositionen, Prozessvereinheitlichungen, Anpassung der HR-Systeme, die Planung des Umzugs in ein neues Gebäude usw.

In einem größeren Prozess wird es ein *Change-Team* geben, das Change- und Kommunikationsmaßnahmen wie ein eigenes Subprojekt betreut, d. h., ein solches Team wird erarbeiten, wann es welche Kommunikationsmaßnahmen gibt, zu welchen Entscheidungen es Beteiligungsprozesse braucht usw. In anderen Fällen, wenn der Beratungsprozess z. B. einen längeren Kulturwandel oder eine Phase tiefgreifender Reorganisation begleiten soll, wird das Change-Team neben oder berichtsmäßig über der Steuergruppe für die inhaltlichen Problemlösungen eingerichtet sein und z. B. definieren, welche Problemlösungspakete anzulegen sind. Die Aufgabe des Change-Teams besteht dann darin, den Gesamtprozess so zu steuern, dass sich Koordination und effektiver Wandel in den Verhaltensmustern einstellen.

Für die Steuerung des Beratungsprozesses gibt es noch ein Element: die *Arbeit mit den Auftraggeber*n. Das sind meist Mitglieder der Unternehmensleitung oder eines Leitungsteams. Sie werden regelmäßig von Beratern und/oder Vertretern von Steuergruppe oder Change-Team informiert und treffen Grundsatzentscheidungen, z. B. Ressourcen- oder Personalentscheidungen, Strukturentscheidungen, z. B. ob ein Bereich outgesourct wird, usw.

Berater und Klient organisieren die gemeinsame Arbeit meist in den *Rollen der externen und internen Projektleitung*; sie benötigen gemeinsame fixe Räume für Austausch und für die Reflexion von Beratungsprozess, Systemdynamiken, Kontext-Auftrag-Rollen usw.

Elemente der Architektur

Bei großen Beratungsprojekten ist ein weiteres Architekturelement die *Staffarbeit im Beratersystem*. Sie besteht aus wechselseitigem Informationsaustausch über Erfahrungen im Beratungssystem, gemeinsamer Hypothesenbildung sowie Ableitung von Interventionen, z. B. wenn ein Standarddesign für Change-Workshops erarbeitet werden soll. Staffarbeit gewährleistet die Koordination im Beraterstaff.

Je nach Natur des Beratungsprozesses nehmen die *inhaltlichen Problemlösungen* einen mehr oder weniger großen Raum in der Beratungsarchitektur ein. Hier geht es um Subprojekte bzw. um Projektmanagement bzw. Multiprojektmanagement.

Wichtige Architekturelemente für die Funktion, *Beteiligungsprozesse* zu organisieren, sind – neben Subprojekten – Großveranstaltungen, Road-Shows, Change-Workshops, Open Hours mit der Unternehmensleitung usw., d. h. Settings, in denen es gezielt um das eigene Selbstverständnis geht, um Selbstreflexion des Systems, um Überzeugungs- und Meinungsbildungsprozesse.

Wichtige Architekturelemente für *Informationsprozesse* sind darüber hinaus Mitarbeiterzeitungen, Change-Plattformen, Hotlines usw.

Wichtige Architekturelemente für *Feedbackprozesse* sind Change-Monitore (das sind Umfragen, die Verhaltensänderungen erfassen), Change-Botschafter, Mitarbeiterzufriedenheitsumfragen oder z. B. Sounding-Boards. Sounding-Boards, auch Resonanzgruppen genannt, sind Zusammenkünfte von ausgewählten Mitarbeitern aus unterschiedlichen Aufgabenbereichen, die z. B. über den Zeitraum eines Jahres vier- bis fünfmal ihre Eindrücke zu Stimmung, Wirkung von Change-Maßnahmen, im Alltag drückenden Problemlagen, Führung usw. schildern. Diese Informationen werden von Beratern anonymisiert und in geeigneter Form z. B. an das Change-Team rückgemeldet.

Architekturelemente, die das *Lernen im System* fördern, sind Trainingsmaßnahmen. Sie können Skills betreffen, z. B. den Umgang mit neuen IT-Systemen oder Einstellungen und Verhaltensmuster.

Praktisch alle großen Veränderungsvorhaben benötigen Räume, in denen *Führungskräfte* ihre Einstellungen, ihr Rollenverständnis und ihre Verhaltensweisen umbauen und sich untereinander auf *neue Muster* koordinieren können. Dazu gibt es – nach der inhaltlichen Erarbeitung neuer Führungsleitbilder in einem Projekt – meist Großveranstaltungen oder andere Räume für Austausch und Contracting der Führungskräfte mit der Unternehmensleitung.

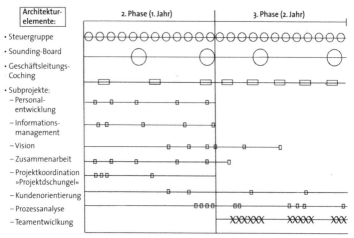

Abb. 19: Beispiel für eine systemische Beratungsarchitektur (Königswieser u. Exner 1998, S. 145)

Die Vielfalt der möglichen Architekturelemente und ihrer Funktionalitäten zeigt den Spielraum für die Gestaltung von Beratungsprozessen und macht deutlich, dass letztlich jede Beratungsarchitektur theorie- bzw. hypothesengeleitet entwickelt werden muss. D. h., die Berater stellen zuerst Hypothesen über die Entwicklungsprozesse auf, bevor sie ans Gestalten gehen. In der Metapher der Architektur wäre das quasi die Erhebung des Raumprogramms, der Nutzungswünsche der Bauherren. Dabei sollte man sich auch vergegenwärtigen, wie ein bestimmtes Element in einem gegebenen System wirken kann. Schriftliche Kommunikation, z. B. in Form eines Change-Briefes, der regelmäßig die Maßnahmen und Entscheidungen des letzten Monats zusammenträgt, kann in einem System mit geräuschvoller Eventkultur zahnlos sein, in einer Regelbürokratie aber hohe Aufmerksamkeit und Kommunikationsanschlüsse der Mitarbeiter auslösen.

Elemente der Architektur

Aus der Metapher der Architektur ergibt sich auch, dass der Prozess des Entwurfes ein künstlerischer ist und dass es viele mögliche Entwürfe für ein Entwicklungsanliegen geben kann. Jede Beraterin hat darüber hinaus ihren Entwurfs- und Baustil, ihre Handschrift.

7 Von der qualitativen Sozialforschung zur theoriegeleiteten Praxis

Nach Lutz von Rosenstiehl (2005, S. 230) gilt für »alle heute betriebenen Organisationsentwicklungsprozesse nach dem Action-Research-Ansatz«:

> »Die in all diesen Fällen zum Einsatz kommenden Techniken der Datensammlung entsprechen den in der empirischen Sozialforschung generell üblichen Methoden. Es wird schriftlich oder mündlich, standardisiert oder unstandardisiert befragt, verdeckt oder offen, teilnehmend oder nicht teilnehmend, systematisch oder nicht systematisch beobachtet und auf Verfahren der Inhaltsanalyse zurückgegriffen.«

Action Research gilt als Anwendungsgebiet von qualitativen Methodenzugängen wie Objektive Hermeneutik und Grounded Theory.

Die Methoden der qualitativen Sozialforschung und die systemische Organisationsberatung

Kurt Lewin war einer der ersten qualitativen Sozialforscher. Er vertrat den wissenschaftstheoretischen Standpunkt, dass man den Einzelfall umfassend verstehen und dazu die unterschiedlichen Wirkungen ähnlicher Situationen erforschen solle. Lewins Forderung entspricht dem Selbstverständnis der qualitativen Sozialforschung:

> »Qualitative Forschung hat den Anspruch, Lebenswelten von ›innen heraus‹, aus der Sicht der handelnden Menschen, zu beschreiben. Damit will sie zu einem besseren Verständnis sozialer Wirklichkeit(en) beitragen und auf Abläufe, Deutungsmuster und Strukturmerkmale aufmerksam machen. Diese bleiben Nichtmitgliedern verschlossen, sind aber auch den in der Selbstverständlichkeit des Alltags befangenen Akteuren selbst in der Regel nicht bewusst« (Flick, von Kardorff u. Steinke 2005, S. 14).

Die Methoden der objektiven Hermeneutik und der Grounded Theory

Die Objektive Hermeneutik nach Ulrich Oevermann (1991) ist eine Methode der Sinnerschließung (aus Texten und anderen Artefakten). Als »soziale Erfahrungswissenschaft« will sie die »generativen Regeln« universeller und historischer Strukturen rekonstruieren, nach denen »Sinn als soziale Kategorie begreifbar wird«. Mit Strukturen sind

> »jene Gesetzmäßigkeiten gemeint, mit der eine Lebenspraxis (Individuum, Gruppe, Gemeinschaft, Institution, Gesellschaft) über einen bestimmten Zeitraum typische Selektionen aus den nach Regeln erzeugten Optionen vornimmt« (»Objektive Hermeneutik«, Wikipedia [siehe Lit.]).

Der von Froschauer und Lueger (1999) vertretene Ansatz der *Organisationsdiagnose* wird in der systemischen Organisationsberatung mitunter zum Zweck der Diagnose und Evaluation eingesetzt. Er folgt den Grundsätzen der objektiven Hermeneutik und setzt folgende Methoden ein: Narrative Interviews werden transkribiert, zufällig ausgewählte Sätze werden der »Sequenzanalyse« unterzogen; die Transkripte werden auch einer »Grobanalyse« unterzogen, d. h. in Aussagekomplexe gegliedert; die »Konversationsanalyse« erhebt Rahmenbedingungen, Ereignisse und Einflüsse auf die Interviewsituation. Aus all diesen Datenquellen werden Hypothesen über das System erarbeitet.

Im Gegensatz zur überprüfenden Forschungslogik (siehe S. 57) der Naturwissenschaften ist *sozialwissenschaftliche Forschung entdeckend*; das ist der Ansatz der Grounded Theory, den Barney Glaser und Anselm Strauss[21] (1974) entwickelten:

> »Grounded Theory ist ein wissenschaftstheoretisch begründeter Forschungsstil und gleichzeitig ein abgestimmtes Arsenal von Einzeltechniken, mit deren Hilfe aus Interviews, Feldbeobachtungen, Dokumenten und Statistiken schrittweise eine in den Daten begründete Theorie (eine ›grounded theory‹) entwickelt werden kann.«

---

21 Strauss teilt explizit viele der Prämissen, die dem empirischen Action-Research-Ansatz Lewins zugrunde liegen (siehe Strauss 1990, S. 9).

7 Von der qualitativen Sozialforschung zur theoriegeleiteten Praxis

Forschungsgegenstand sind »Phänomene«, soziale Fragestellungen mit einer gewissen Generalisierbarkeit, z. B. die Interaktionsmuster im Zusammenhang mit Sterbenden (ebd.).

»In Untersuchungen mit der Grounded Theory möchten sie Phänomene im Licht eines theoretischen Rahmens erklären, der erst im Forschungsverlauf selbst entsteht« (Strauss u. Corbin 1996, S. 32).

Das wird erreicht durch die Methode des Theoretic Sampling, mit »theoretischer Sensibilität« bei der Interpretation und einem mehrstufigen Codierprozess mit der Schrittfolge von »offenem«, »axialem« und »selektivem Codieren« für die Modellbildung.

Blut ist dicker als Tinte
Für *entdeckende qualitative* Forschung gilt:

»Theorien und Methoden, im Prinzip alle Entscheidungen innerhalb eines qualitativen Forschungsprozesses, (sind) dem Gegenstand, den man erforschen will, anzupassen« (Flick 1996, S. 13).

Dazu Honer (2005, S. 195):

»Die Datengewinnung erfordert [...] *Methoden*, deren Qualitätskriterium darin besteht, ob bzw. in welchem Maß sie geeignet sind, die *Relevanzen* des anderen aufzuspüren und zu rekonstruieren. Und die Analyse der Daten erfordert [...] sorgsame, *hermeneutisch reflektierte Interpretationsarbeit*, um jenseits der Idiosynkrasien des anderen sowie des Forschers (ideale) Typen von Welterfahrungen zu verstehen. [...] Insgesamt lässt sich dieser Forschungsansatz somit als »ethnografische Lebensweltanalyse« bzw. als ›Lebensweltanalyse in der Ethnografie‹ verstehen« (Hervorh.: J. K.).

Das ist auch die Position von John Van Maanen, Nachfolger von Schein an der Sloan School of Management, der – wie viele der prägenden Figuren der US-amerikanischen OD-Szene – selbst Ethnologe ist.[22] Trotz gemeinsamer Wurzeln im Funktionalismus des Anthropologen Malinowski sind Ethnologie und Soziologie in den USA getrennte Wege gegangen (Van Maanen 1988, p. 14).

---

22 »Die Übertragung des Konzepts der Kultur (durch Schein) auf Organisationen erklärt sich aus der ethnologischen Stammeslinie« der OD.

Den Hauptunterschied zwischen soziologischer und ethnologischer Forschung sieht Van Maanen darin, dass Soziologen ihre Feldforschung »hauptsächlich vom Schreibtisch aus« anhand von Texten betreiben, während *Ethnologen* eine Zeit gemeinsam mit den Untersuchten auf deren Territorium leben; ihr *Feldaufenthalt* ist für sie immer eine ihr Selbst transformierende Erfahrung.

Organisationsberatung steht eher in der *Tradition der Ethnologie* als in der der Soziologie.

- Das Beratungssystem entspricht dem Feldaufenthalt des Ethnologen auf gemeinsamem Territorium – auch wenn Berater nicht auf Dauer dort leben.
- Es gehört zur Symmetrie der Beziehung zwischen Beratern und Klientensystem, dass Berater sich in ihrer Arbeit genauso – ihr Selbst transformierend – als Lernende erfahren wie das beratene System.
- Datenbasis für die wissenschaftliche Arbeit der Organisationsberater sind ihre Wahrnehmungen und Erfahrungen im Feld, in situ – nicht Texte transkribierter Interviews.
- Die Methoden der systemischen Organisationsberatung betreffen deshalb die gezielte Lenkung von Wahrnehmung und Erfahrungsverarbeitung und nicht die Analyse von Texten.

Systemische Organisationsberatung ist aber nicht nur entdeckende Sozialforschung (statt überprüfender naturwissenschaftlicher Forschung); es gibt noch ein wesentliches Merkmal, das sie charakterisiert. Mit von Rosenstiel (2005)

»kann man […] in der empirischen Organisationsforschung erkennende – auf die Beschreibung, Erklärung, das Verständnis des Gegenstands gerichtete – Ansätze von *gestaltenden* abheben« (S. 230; Hervorh.: J. K.).

»Mit Prozessen der Organisationsentwicklung setzt sich eine gestaltungsorientierte Forschung auseinander« (S. 236).

In einem entdeckenden Forschungszugang lassen sich Datenerhebung und -interpretation nicht vollständig trennen; diese Schwierigkeit adressieren z. B. die Methoden der Grounded Theory. Im gestaltungsorientierten Forschungszugang des Action-Research-Ansatzes lassen sich zudem *Datenerhebung* und *-interpretation* nicht von *gestaltenden* Eingriffen, d. h. *Interventionen* trennen – ob diese nun beabsichtigt sind oder sich lediglich als Nebenwirkung einstellen. Jede Frage, die der Berater stellt, um sich Informationen zu beschaffen, kann im interaktiven Kontext Einfluss auf die Wahrnehmungen und Bedeutungsgebungen der Personen im Beratungssystem nehmen.

Kann das überhaupt noch wissenschaftlich sein, wenn das zu Messende durch die Wahrnehmung des Forschers verändert wird bzw. seine Wahrnehmung verändert? Oder passiert das ohnedies die ganze Zeit? Dahinter steht natürlich die grundsätzliche Frage, ob und wie sich das Paradigma des Konstruktivismus in die Wissenschaft integrieren lässt. Ganz konkret gefragt: Welche Kriterien definiert die qualitative Sozialforschung, nach denen eine gestaltende Forschung den Nachweis wissenschaftlich profunden Vorgehens zu führen hat? Und: Kann die systemische Organisationsberatung da mithalten?

Der Nutzen wissenschaftlicher Organisationsberatung für Führung und Organisationen
Schon Strauss und Corbin (1996, S. 214) forderten,

»dass die üblichen Kriterien ›guter Wissenschaft‹ beibehalten, *aber eine Umdeutung erfahren sollten, damit sie der Wirklichkeit qualitativer Forschung und der Komplexität sozialer Phänomene gerecht werden* […]. Übliche Kriterien sind: Signifikanz, Kompatibilität von Theorie und Beobachtung, Generalisierbarkeit, Konsistenz, Reproduzierbarkeit, Präzision und Verifikation«.

Qualitative Sozialforschung produziert Theorie, die erst während des Forschungsprozesses entsteht, kaum reproduzierbar und nicht verallgemeinerbar ist. Dazu Brüsemeister (2000, S. 190 f.):

»Die Grounded Theory weist […] ein mittleres Niveau von Beschreibungsgehalten und theoretischer Generalisierbarkeit auf« […]. Theorien mittlerer Reichweite liegen zwischen den kleinen Theorien des Alltags und den ›allumfassenden großen Theorien‹ […], wie sie z. B. Talcott Parsons erstellt hat.

Die Methoden

Geltungsbereich, Reproduzierbarkeit, Generalisierbarkeit, Verifikation – all das ist nochmals eingeschränkter in der systemischen Organisationsberatung, die nicht soziale Phänomene erforscht, sondern *kasuistisch* arbeitet und dazu *gestaltend* unterwegs ist, d. h. ihren Forschungsgegenstand verändert. Die nach dem Action-Research-Ansatz aus der Praxis des Systems heraus zu interpretierende Theorie über die Handlungs- und Deutungsmuster – diese *praxisbasierte Theorie* – hat ein heuristisches Niveau, das *über* den individuellen und idiosynkratischen Alltagstheorien liegt, aber *unter* Theorien mittlerer Reichweite. Ihre Reichweite erstreckt sich auf die *theoriebasierte Praxis*, auf nützliche theoretische Kriterien, an denen das Handeln und Entscheiden in einem Entwicklungsfenster des Systems ausgerichtet werden können (siehe Abb. 1).

Genau das ist auch der Bedarf in komplexen Organisationen, wo Führungskräfte vor dem Dilemma stehen, entweder mit autodidaktischen Alltagstheorien »von der Hand in den Mund« zu leben oder mit allzu generellen Theorien die »Bodenhaftung« zu verlieren. Organisationen sind heute so komplex, dass Führungskräfte beim Treffen von Entscheidungen und beim Setzen von Entscheidungsprämissen »mehr Flughöhe« benötigen; sie benötigen einen gedanklichen Raum, aus dem heraus sie ihre Erfahrungen reflektieren, miteinander teilen und in den sie ihr Lernen einpflegen können. Sie benötigen Meta-Kommunikationsanschlüsse, d. h., die Beobachtungen 2. Ordnung, über die sie sich untereinander koordinieren können bei der Gestaltung von Führung.

Genau hier liegt m. E. der Nutzen systemischer Organisationsberatung nach dem Action-Research-Ansatz. Gäbe es diesen Nutzen nicht, würden Organisationen und ihre Manager nicht so viel Geld für diese Beratungsleistungen ausgeben. Der Nutzen besteht in einer wissenschaftlich profunden Analyse der Kommunikations- und Sinngebungsmuster in einem Handlungssystem, aus der – durch Bewusstwerden der Kontingenz und mittels angemessener interaktiver Prozesse sozialer Bedeutungsgebung – *Optionen für neue Sinngebungsmuster und Kommunikationsanschlüsse* erschlossen werden können; so kann das soziale System Organisation *entwicklungsfähig* bleiben und stärker werden.

7 Von der qualitativen Sozialforschung zur theoriegeleiteten Praxis

Gütekriterien qualitativer Sozialforschung

Was sind die explizierten Kriterien für wissenschaftliche Güte in der qualitativen Sozialforschung? Wie kann man sie nutzen, um die Methoden der systemischen Organisationsberatung in den Blick zu nehmen? Wann ist die systemische Organisationsberatung wissenschaftlich valide?

In Anlehnung an Ines Steinke (2005, S. 319 ff.) lassen sich folgende Gütekriterien für qualitative Sozialforschung definieren:

- Gegenstandsangemessene Erhebungs- und Auswertungsmethoden.
- Triangulation von Methoden: Unterschiedliche Methoden kommen zu einer breiteren und tieferen Erfassung des Gegenstands, z. B. Dokumentenanalyse, Einzelinterviews, Gruppeninterviews ...
- Validierung der Interviewsituation: Die Interviewpartner erzählen »aufrichtig« bzw. »wahrheitsgemäß«; es ist ein »Arbeitsbündnis zwischen Forscher und untersuchter Person« zustande gekommen, das von »Offenheit, Vertrauen, Arbeitsbereitschaft und einem möglichst geringen Machtgefälle zwischen Forscher und Informant gekennzeichnet ist«.
- Authentizität der Informationen: Den »Äußerungen und Bedeutungen der Untersuchten hinsichtlich des Untersuchungsgegenstands« wurde »ausreichend Spielraum eingeräumt«; die »subjektiven Perspektiven, alltäglichen Handlungsweisen und Bedeutungen der Untersuchten« kommen zur Geltung.
- Sorgfältige Rekonstruktion der Wirklichkeitskonstruktionen der Untersuchten: Im Forschungsprozess wurde sorgfältig »mit den Äußerungen der Untersuchten und den zugrunde liegenden Wertstrukturen« umgegangen. Die »multiplen Konstruktionen der Untersuchten« wurden »angemessen erhoben, systematisch aufeinander bezogen«.
- Empirische Verankerung der Interpretationen: Die Theorien sind »dicht an den Daten (z. B. an den subjektiven Sichtweisen der untersuchten Subjekte)«; es gibt »hinreichende Textbelege«, Widersprüche und abweichende bzw. negative Fälle, Situationen und Settings wurden berücksichtigt.

- Irritation des Vorwissens beim Forscher: Die angewendeten Verfahren ermöglichen Überraschungen und »Irritation des Vorwissens« des Forschers.
- Innovative Heuristik: Die Theoriebildung ist so angelegt, dass »die Möglichkeit besteht, Neues zu entdecken und theoretische Vorannahmen des Forschers infrage zu stellen bzw. zu modifizieren«.
- Nutzen für die Untersuchten: Im Forschungsprozess werden »neue Orientierungen für die Untersuchten initiiert«. Die Forschung dient »der Entscheidungsfindung oder als Anregung für Handlungen«.
- Kommunikative Validierung per Member Check: Die Theorien wurden »mit den untersuchten Personen auf ihre Gültigkeit per ›Member Check‹ geprüft«; die Untersuchten beurteilen »die vorgelegten Forschungsergebnisse als gültig«.

Dazu auch Strauss und Corbin (1996, S. 217): »Dem Leser sollte es möglich sein, einige Komponenten des Forschungsprozesses [...] zu beurteilen« – wie z. B. die empirische Verankerung der Konzepte, systematische Beziehungen zwischen Konzepten, die konzeptuelle Dichte, eine ausreichend abgedeckte Variation, die Berücksichtigung des breiteren Kontextes und die Bedeutsamkeit der theoretischen Ergebnisse.

Organisationsberatung mit dem Action-Research-Ansatz als Paradigma qualitativer Sozialforschung

Die Gütekriterien moderner qualitativer Sozialforschung passen sehr gut zur gelebten Praxis der Organisationsberatung nach dem Action-Research-Ansatz.

Mit dem Methodenblick geschaut, ist systemische Organisationsberatung entdeckende, gestaltende Sozialforschung. Anders als bei anderen qualitativen Forschungsansätzen besteht ihre Datenbasis nicht aus Texten, sondern im Wesentlichen aus den empirischen Beobachtungen und Erfahrungen der Berater im Zuge ihrer Interaktionen im Beratungssystem. Die systemischen Haltungen, Sehe-Punkte und Prämissen haben den Status von Methoden; sie unterstützen Berater – entlang der systemischen Schleife beim

Beobachten, Interpretieren und Ableiten von Interventionen –, indem sie deren Aufmerksamkeit lenken und ihnen den Weg aus der Rekursivität ihrer Erfahrungsverarbeitung weisen. Methodische Gesprächsführung sieht *aktives Zuhören* vor, um Containment zu schaffen, *narrative Interviews*, um Beschreibungen 1. Ordnung des Systems zu erhalten, und *zirkuläre Fragen*, um die Handlungs- und Deutungsmuster eines sozialen Systems sowie deren rekursive Verknüpfungen zu erheben – und dabei zu verstören.

Systemische Organisationsberatung hat das Verwertungsinteresse und die theoretische Reichweite theoriebasierter Praxis in Organisationen und kann sich trefflich an den Gütekriterien qualitativer Forschung messen lassen. Das Prinzip des Schleifengangs – manifest in Action-Research-Schleife und systemischer Schleife – ermöglicht einen ergebnisoffenen, empirisch verankerten Erkenntnisprozess, dessen Ergebnisse dann gültig sind, wenn das System ihre Nützlichkeit bestätigt. Nützlich sind sie dann, wenn sie dem System zu neuen Deutungs- und Handlungsmustern verhelfen, zu neuen Kommunikationsanschlüssen, die sein Entwicklungspotenzial stärken.

Immer wieder wird beklagt, dass der Organisationsberatung explizite professionelle Standards fehlen; m. E. könnte man diese kaum besser auf den Punkt bringen, als es die Gütekriterien moderner qualitativer Sozialforschung tun.

Literatur

Adorno, T. W., E. Frenkel-Brunswik, D. J. Levinson a. R. N. Sanford (1950): The authoritarian personality. New York (Harper und Brothers) [Dt. (1973): Ludwig von Friedburg (Hrsg): Studien zum autoritären Charakter. Frankfurt a. M. (Suhrkamp).]
Antons, K. (1973): Praxis der Gruppendynamik. Übungen und Techniken. Göttingen (Hogrefe), 5. Aufl. 2011.
Argyris, C. (1992): On organizational learning. Molden/Oxford/South Victoria (Blackwell).
Bauer, J. (2005): Warum ich fühle, was du fühlst. Intuitive Kommunikation und das Geheimnis der Spiegelneurone. Hamburg (Hoffmann und Campe).
Bauer, J. (2006): Prinzip Menschlichkeit. Warum wir von Natur aus kooperieren. Hamburg (Hoffmann und Campe).
Baumfeld, L., R. Hummelbrunner u. R. Lukesch (2009): Instrumente systemischen Handelns. Eine Erkundungstour. Leonberg (Rosenberger).
Blumer, H. (1981): Der methodologische Standort des symbolischen Interaktionismus. [1937.] In: Arbeitsgruppe Bielefelder Soziologen (Hrsg.): Alltagswissen, Interaktion und gesellschaftliche Wirklichkeit. Opladen (Westdeutscher Verlag), S. 80–146.
Brüsemeister, T. (2000): Qualitative Forschung. Ein Überblick. Wiesbaden (Westdeutscher Verlag).
Bude, H. (2005): Die Kunst der Interpretation. In: U. Flick, E. von Kardorff u. I. Steinke (Hrsg.): Qualitative Forschung. Ein Handbuch. Reinbek bei Hamburg (Rowohlt), 4. Aufl., S. 569–578.
Chein, I., S. W. Cook a. J. Harding (1948): The field of Action Research. *The American Psychologist* 3 (2) (Sonderdruck).
Dannemiller, K. a. S. James (2002): Innovation in whole-scale change: Past, present and future. *Profile. Internationale Zeitschrift für Veränderung, Lernen, Dialog* 3: 18–27.
de Shazer, S. (1985): Keys to solution in brief therapy. New York (Norton).
de Shazer, S. (1988): Clues. Investigating solutions in brief therapy. New York (Norton). [Dt. (2010): Der Dreh. Überraschende Wendun-

gen und Lösungen in der Kurzzeittherapie. Heidelberg (Carl-Auer), 11. Aufl.]
Flick, U. (1996): Psychologie des technisierten Alltags – Soziale Konstruktion und Repräsentation technischen Wandels in verschiedenen kulturellen Kontexten. Opladen (Westdeutscher Verlag).
Flick, U. (2005): Konstruktivismus. In: U. Flick, E. von Kardorff u. I. Steinke (Hrsg.): Qualitative Forschung. Ein Handbuch. Reinbek bei Hamburg (Rowohlt), 4. Aufl., S. 150–164.
Flick, U., E. von Kardorff u. I. Steinke (Hrsg.) (2005): Qualitative Forschung. Ein Handbuch. Reinbek bei Hamburg (Rowohlt), 4. Aufl., S. 224–238.
French, W. L. a. C. H. Bell jr. (1982): Organisation development. 3. Aufl. 1984, Englewood Cliffs, N. J., 1. Aufl. 1973; [Dt. (1982): Organisationsentwicklung. Bern/Stuttgart (Haupt Verlag), 2. Aufl.]
Froschauer, U. u. M. Lueger (1998): Das qualitative Interview zur Analyse sozialer Systeme. Wien (WUV).
Gebauer, G. u. C. Wulf (1992): Mimesis, Kunst, Kultur, Gesellschaft. Reinbek bei Hamburg (Rowohlt).
Glaser, B. u. A. Strauss (1974): Interaktion mit Sterbenden. Göttingen (Vandenhoeck & Ruprecht). [Am. Orig. (1965): Awareness of dying. Chicago (Aldine).]
Glaser, B. G. u. A. Strauss (1998): Grounded Theory. Strategien qualitativer Forschung. Bern u. a. (Huber). [Am. Orig. (1967): The discovery of grounded theory. Strategies for qualitative research. Chicago. (Aldine).]
Glasl, F. u. B. Lievegoed (1996): Dynamische Unternehmensentwicklung. Bern/Stuttgart/Wien (Haupt).
»Hermeneutik«. Verfügbar unter: http://de.wikipedia.org/wiki/Hermeneutik [15.11.2012].
»Hermeneutischer Zirkel«. Verfügbar unter: http://de.wikipedia.org/wiki/Hermeneutischer_Zirkel [15.11.2012].
»Heuristik«. Verfügbar unter: http://de.wikipedia.org/wiki/Heuristik [15.11.2012].
Honer, A. (2005): Lebensweltanalyse in der Ethnographie. In: U. Flick, E. von Kardorff u. I. Steinke (Hrsg.): Qualitative Forschung. Ein Handbuch. Reinbek bei Hamburg (Rowohlt), 4. Aufl., S. 194–204.
Isaacs, W. (1999): Dialogue and the art of thinking together: A pioneering approach to communication in business and in life. New York

(Currency). [Dt. (2002): Dialog als Kunst, gemeinsam zu denken. Die neue Kommunikationskultur in Organisationen. Bergisch Gladbach (EKP).]

Kantor, D. (1999): My lover, myself. Self-discovery through relationship. New York (Riverhead /Penguin Putnam).

Kieser, A. u. H. Kubicek (1977): Organisation. Berlin (de Gruyter).

Königswieser, R. u. A. Exner (1998): Systemische Intervention – Architekturen und Designs für Berater und Veränderungsmanager. Stuttgart (Klett-Cotta).

Königswieser, R. u. M. Hillebrand (2004): Einführung in die systemische Organisationsberatung. Heidelberg (Carl-Auer), 6. Aufl. 2011.

Königswieser, R., E. Lang u. R. Wimmer (2009): Komplementärberatung – Quantensprung oder Übergangsphänomen? *Zeitschrift für Organisationsentwicklung* 1: 46–53.

Krizanits, J. (2009): Die systemische Organisationsberatung – Wie sie wurde, was sie wird. Wien (Facultas).

Krizanits, J. (2011): Professionsfeld Inhouse Consulting. Praxis und Theorie der internen Organisationsberatung. Heidelberg (Carl-Auer).

Lazarsfeld, P. u. M. Jahoda 1933): Die Arbeitslosen von Marienthal. Ein soziographischer Versuch über die Wirkungen langandauernder Arbeitslosigkeit. Hirzel (Leipzig)

Lewin, K. (1936): Principles of topological psychology. New York/London (McGraw-Hill). [Dt. (1969): Kurt Grundzüge der topologischen Psychologie. Bern (Huber).]

Lewin, K. (1938): Experiments on autocratic and democratic atmospheres. *The Social Frontier* 37 (4): 316–319).

Lewin, K. (1946): Action research and minority problems. *Journal of social Issues*. 2 (4): 34–46.

Lewin, K. (1947): Frontiers in group dynamics I. Concept, method, and reality in social science, social equilibria, and social change. *Human Relations* 1: 5–41.

Lewin, K. a. R. Lippitt (1938): An experimental approach to the study of autocracy and democracy: A preliminary note. *Sociometry* 1: 292–300.

Lippitt, L. (2000): Preferred futuring. The power to change whole systems. (Unveröffentl. Seminarunterlagen; beziehbar über Lippitt & Carter Consulting, Bradenton, Florida.)

Lippitt, R. a. R. White (1960): Autocracy and democracy: An experimental inquiry. New York (Harper & Row).

Literatur

Lüders, C. (2005): Beobachten in Feld und Ethnographie. In: U. Flick, E. von Kardorff u. I. Steinke (Hrsg.): Qualitative Forschung. Ein Handbuch. Reinbek bei Hamburg (Rowohlt), 4. Aufl., S. 384–401.

Luhmann, N. (1984): Soziale Systeme. Grundriß einer allgemeinen Theorie. Frankfurt a. M. (Suhrkamp).

Luhmann, N. (2000): Organisation und Entscheidung. Opladen/Wiesbaden (Westdeutscher Verlag).

Marrow, A. J. (1977): Kurt Lewin – Leben und Werk. Stuttgart (Ernst Klett).

»Objektive Hermeneutik«. Verfügbar unter: http://de.wikipedia.org/wiki/Objektive_Hermeneutik [6.9.2012].

Oevermann, U. (1991): Genetischer Strukturalismus und das sozialwissenschaftliche Problem der Erklärung und Entstehung des Neuen. In: S. Müller-Dohm (Hrsg.): Jenseits der Utopie. Frankfurt a. M. (edition suhrkamp) S. 267–336.

Reichertz, J. (2005): Objektive Hermeneutik und hermeneutische Wissenschaftssoziologie. In: U. Flick, E. von Kardorff u. I. Steinke (Hrsg.): Qualitative Forschung. Ein Handbuch. Reinbek bei Hamburg (Rowohlt), 4. Aufl., S. 514–524.

Ricœur, P. (1981): Mimesis and representation. *Annals of Scholarship* 2: 15–32.

Rosenberg, M. (2001): Gewaltfreie Kommunikation. Aufrichtig und einfühlsam miteinander sprechen. Paderborn (Junfermann).

Rosenstiel, L. von (2005): Organisationsanalyse. In: U. Flick, E. von Kardorff u. I. Steinke (Hrsg.): Qualitative Forschung. Ein Handbuch. Reinbek bei Hamburg (Rowohlt), 4. Aufl., S. 224–238.

Ross, R. (1996): Die Abstraktionsleiter. In: P. M. Senge et al. (Hrsg.) (1997): Das Fieldbook zur Fünften Disziplin. Stuttgart (Klett-Cotta).

Schein, E. H. (1969): Process consultation. Its role in organisational development. Reading, MA (Addison Wesley).

Schein, E. H. (1999): The corporate culture survival guide. Sense and nonsense of culture change. San Francisco (Jossey Bass). [Dt. (2003): Organisationskultur. The Ed Schein Corporate Culture Survival Guide. Bergisch Gladbach (EHP).]

Schein, E. H. (2000): Prozessberatung für die Organisation der Zukunft. Der Aufbau einer helfenden Beziehung. Köln (EHP). [Engl. Orig. (1999): Process consultation revisited: Building the helping relationship. Reading (Addison-Wesley Longman).]

Literatur

Schein, E. H. (2009): Helping. How to offer, give, and receive help. San Francisco (Berrett-Koehler).

Schlippe, A. von u. J. Schweitzer (2000): Lehrbuch der systemischen Therapie und Beratung. Göttingen (Vandenhoeck & Ruprecht), 7. Aufl.

Schulz von Thun, F. (2010): Miteinander reden 1: Störungen und Klärungen. Allgemeine Psychologie der Kommunikation. Reinbek bei Hamburg (Rowohlt).

Schütz, A. (1971): Wissenschaftliche Interpretation und Alltagsverständnis menschlichen Handelns. In. A. Schütz: Gesammelte Aufsätze. Bd. I. Das Problem der sozialen Wirklichkeit. Den Haag (Nijhoff).

Selvini Palazzoli, M., L. Boscolo, G. Cecchin u. G. Prata (1977): Paradoxon und Gegenparadoxon. Stuttgart (Klett-Cotta)..

Selvini-Palazzoli, M., L. Boscolo, G. Cecchin u. G. Prata (1981): Hypothetisieren, Zirkularität, Neutralität. Drei Richtlinien für den Leiter der Sitzung. *Familiendynamik* 6: 123–139.

Senge, P. M. (1996): Die fünfte Disziplin. Stuttgart (Klett-Cotta).

Senge, P. M. et al. (1997): Das Fieldbook zur Fünften Disziplin. Stuttgart (Klett-Cotta).

Simon, F. B. u. C. Rech-Simon (1999): Zirkuläres Fragen. Systemische Theorie in Fallbeispielen: Ein Lernbuch. Heidelberg (Carl-Auer), 9. Aufl. 2012.

Soeffner, H.-G. (1989): Auslegung des Alltags – Der Alltag der Auslegung. Frankfurt a. M. (Suhrkamp).

Staehle, W. H. (1999): Management. Eine verhaltenswissenschaftliche Perspektive. München (Vahle), 8. Aufl.

Steinke, I. (2005): Gütekriterien qualitativer Forschung. In: U. Flick, E. von Kardorff u. I. Steinke (Hrsg.): Qualitative Forschung. Ein Handbuch. Reinbek bei Hamburg (Rowohlt), 4. Aufl., S. 319–331.

Storch, M. u. F. Krause (2007): Selbstmanagement – ressourcenorientiert. (Grundlagen und Trainingsmanual für die Arbeit mit dem Zürcher Ressourcen-Modell [ZRM].) Bern (Huber).

Strategos (Institut für Organisationsentwicklung) (2007): Strukturelle Dynamiken – Boundary Profile. Verfügbar unter: http://strategos-institut.eu/pdf/strategos_wz04_boundprofile.pdf) [6.9.2012].

Strauss, A. u. J. Corbin (1996): Grounded Theory: Grundlagen Qualitativer Sozialforschung. Weinheim (Beltz Psychologie Verlags Union).

[Am. Orig. (1990): Basics of qualitative research: Grounded theory procedures and techniques. Newberry Park u. a. (Sage).]

Streich, R. K. (1997): Veränderungsprozessmanagement. In: M. Reiß, L. von Rosenstiel u. A. Lanz (Hrsg.): Change Management. Programme – Projekte – Prozesse. Stuttgart (Schäffer-Poeschel), S. 237–253.

Van Maanen, J. (1988): Tales of the field. On writing ethnography. Chicago/London (The University of Chicago Press).

Willems, H. (2005): Erving Goffmans Forschungsstil. In: U. Flick, E. von Kardorff u. I. Steinke (Hrsg.): Qualitative Forschung. Ein Handbuch. Reinbek bei Hamburg (Rowohlt), 4. Aufl., S. 42–51.

Wimmer, R. (2008): Organisationsberatung als Intervention. Theoretische Grundannahmen und neue Herausforderungen. Verfügbar unter: http://www.osb-i.com/de/news/organisationsberatung-als-intervention [15.11.2012].

Über die Autorin

Joana Krizanits, Mag. phil., Studium der Psychologie in Strasbourg, Liverpool und Wien; Ausbildung: Gesprächspsychotherapie, systemische Beratung, Coaching, Controlling, Qualitätsmanagement, Personalmanagement; 18 Jahre Tätigkeit in verschiedenen Fach- und Führungsrollen in unterschiedlichen Organisationen; langjährige Kooperationspartnerin der Beratergruppe Neuwaldegg, u. a. gemeinsame Durchführung des Ausbildungsprogramms »neuwaldegger curriculum für systemische Unternehmensentwicklung«. Selbstständige Unternehmensberaterin und Trainerin in Wien, mit den Schwerpunkten Organisationsberatung, Unternehmensentwicklung, Management Development, Beraterausbildung, Coaching, Supervision; Lehrbeauftragte. Publikationen u. a.: *Professionsfeld Inhouse Consulting. Praxis und Theorie der internen Organisationsberatung* (2011).

Kontakt: www.joana.krizanits.at

Joana Krizanits

Professionsfeld Inhouse Consulting

Praxis und Theorie
der internen Organisationsberatung

287 Seiten, 28 Abb.
15 Fotos, Gb, 2011
ISBN 978-3-89670-781-9

Das Aufgabengebiet der internen Organisationsberatung ist so bunt wie die Namen, unter denen sie betrieben wird: Inhouse Consulting, Organisationsentwicklung, Change Management, Prozessberatung u. a. m. Was bislang fehlt, ist nicht nur eine gemeinsame professionelle Identität der internen Berater, sondern auch gemeinsam geteiltes Wissen.

Joana Krizanits gibt mit diesem Buch einen fundierten Überblick über die Aufgaben, die Werkzeuge und die Schlüsselkompetenzen interner Organisationsberater. Die Fallbeispiele aus Industrie, Verwaltung, Kirche, Telekommunikation, Medien und Politik machen die Gemeinsamkeiten und Unterschiede zwischen interner und externer Organisationsberatung deutlich. Und sie illustrieren das große Potenzial der internen Beratung, wenn es darum geht, Strategien und Prozesse zu optimieren, Führung effektiver zu gestalten, Innovation zu befördern oder ganze Businessmodelle zu beeinflussen.

Carl-Auer Verlag • www.carl-auer.de